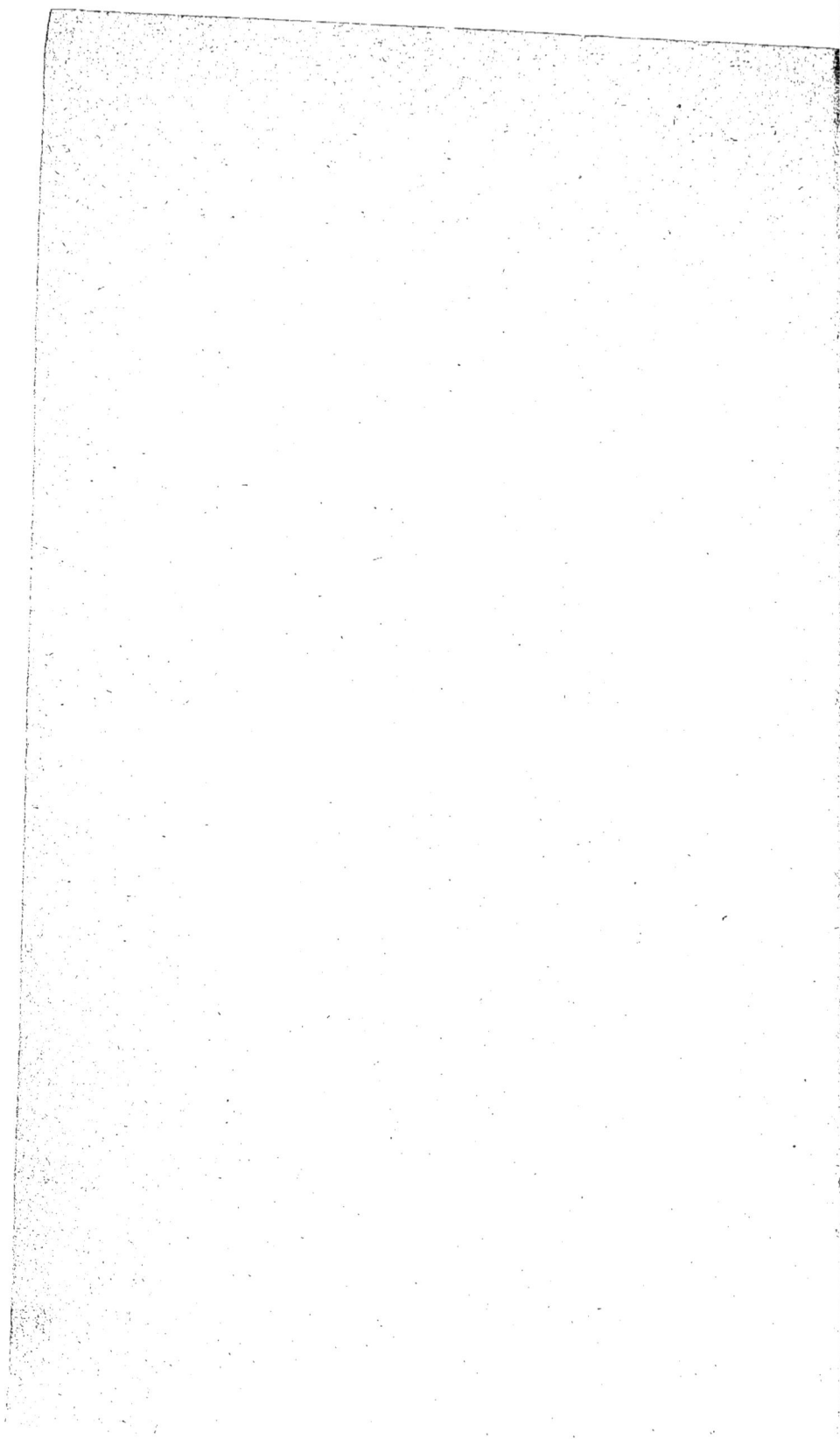

INSTITUT ROYAL DE FRANCE.

DES *NEXI,* ~~7566~~

OU

DE LA CONDITION DES DÉBITEURS

CHEZ LES ROMAINS,

Par M. Ch. GIRAUD.

(EXTRAIT DU TOME V^e DES MÉMOIRES DE L'ACADÉMIE DES SCIENCES MORALES ET POLITIQUES.)

PARIS,

TYPOGRAPHIE DE FIRMIN DIDOT FRÈRES,

IMPRIMEURS DE L'INSTITUT, RUE JACOB, 56.

1847.

INSTITUT ROYAL DE FRANCE.

DES *NEXI,*

ou

DE LA CONDITION DES DÉBITEURS

CHEZ LES ROMAINS,

Par M. Ch. GIRAUD.

Les désordres politiques qui éclatèrent si souvent, au sein des villes libres de l'antiquité, à l'occasion des obligations pour dettes, nous offrent un spectacle douloureux que le monde moderne n'a plus reproduit. Une civilisation plus éclairée, une religion plus douce, des lois plus équitables, ont tari cette vieille source de calamités. Mais nulle part, dans le monde ancien (1), la condition des débiteurs obérés

(1) Sur la condition des débiteurs à Athènes, avant les lois libérales de

n'apparaît plus misérable qu'à Rome, sous la république ;
nulle part, la désolante plaie de l'usure n'eut de plus désas-
treux résultats : le sort de l'État lui-même y fut mis en péril
par l'inexorable dureté des créanciers envers leurs débiteurs,
et la population resta longtemps menacée dans ses moyens
d'existence et dans sa liberté par des lois inflexibles. Le souvenir profond qu'une tradition sinistre avait laissé de ces
malheurs, dans l'esprit des peuples (1), ne fut pas étranger
peut-être à la proscription dont le christianisme naissant
frappa l'usure, même la plus légère, de peur qu'une tolérance
indulgente à cet égard ne dégénérât, comme par le passé,
en un fléau destructeur pour l'humanité.

Les querelles entre les créanciers et les débiteurs avaient
donc, à Rome, une cause et des effets dont notre raison ne se

---

Solon, voy. Saumaise, *de Modo usurar.*, p. 750 et suiv., et surtout *Miscellæ*
defensiones pro Cl. Salmas., p. 312.— J. C. Schlaeger, *de Debitore obærato*
secund. jus hebraic. et attic. ; Helmst., 1741, in-4°, dissert. reproduite dans
la *Jurisp. antiq.* de Fellenberg, tom. 1ᵉʳ.— J. M. Gasser, *Diss. de Σεισαχθείᾳ*
Solonis ; Hal., 1748, in-4°. Cf. les auteurs cités par Schoemann. *Antiq. Jur.*
pub. Græcorum (Gryphisw., 1838, in-8°), pag. 173 et suiv., par Fr. Her-
mann, *Lehrb. der griech. Staatsalterth.* (Heidelb., 1841, in-8°), pag. 235.
Voy. aussi Sam. Petit, *Leg. atticæ*, lib. V, tit. 4, dans la *Jurisp. rom. et att.*
de Heineccius, tom. III, pag. 497 et suiv. — J. Meursius, *de Vita Solonis*
et *Themis attica*, dans le tom. II de ses œuvres, recueillies par Lami (Flo-
rence, 1741-63, 12 vol. in-fol.) ; — et les *Observ. et Emend.* de Did. Hérauld, à la suite de ses *Rer. judicat. lib. duo* (Paris, 1640, in-8°), reproduites dans le tom. II du Trésor d'Otton. M. Wachsmuth a parfaitement
analysé cette matière difficile dans le tom. 1ᵉʳ de son *Hellen. Alterth.*,
2ᵉ édition.

(1) Voy. Jul. Muller, *Comm. ratio et historia odii quo fœnus habitum est.*
Gotting, 1821, in-4°.

rend pas aujourd'hui un compte facile, parce que leur appré-
ciation échappe à l'observation réfléchie des phénomènes
actuels de la vie sociale. Nous avons peine à comprendre
comment l'usure a pu déterminer le refus de service militaire, de la part d'une jeunesse ameutée, et porter une population exaspérée à la désertion des murs de la cité.

La solution de ce problème historique a été l'objet de longues et laborieuses recherches, et le sujet est digne du plus
haut intérêt, puisque la condition malheureuse des débiteurs
a exercé une si grande influence sur les destinées politiques
de la république romaine. Les jurisconsultes, les historiens,
les érudits du temps présent et du temps passé, ont essayé,
chacun pour sa part, de débrouiller, à ce sujet, l'obscurité des
lois et de l'histoire; mais chacun a laissé quelque chose à
désirer, dans l'accomplissement de sa tâche, et nous sommes
loin d'espérer nous-même d'accomplir, avec un succès définitif,
l'investigation exacte d'une matière si difficile, bien que les
travaux des savants nombreux qui nous ont précédé (1) en

---

(1) L'histoire littéraire de cette partie des antiquités romaines n'a été
qu'ébauchée par Fabricius (*Bibliograph. antiquaria,* ed. 3ᵉ, edid. P. Schaffs-
hausen; Hamburg, 1760, in-4°); par Heineccius (*Antiquit. rom. jurisp.
illustr. Syntagma,* edid. Car. Fried. Mühlenbruch, Francf. Mœn., 1841,
in-8°), et par Haubold (*Instit. jur. rom. priv. histor. dogmat. Lineam. Ed.
Car. Ed.* Otto; Lips., 1826, in-8°). Nous nous bornerons nous-même à
indiquer les sources suivantes :

Pour le xvıᵉ siècle : 1° Sigonius, *de Ant. jure civ. rom*, lib. ı, cap. 6
(*Opp.,* tom. V, pag. 76 et suiv.); 2° Ant. Augustin, *de Legib. et Senat.*
(pag. 93, édit. de 1583, in-4°), et *Emendat. et opinion.,* lib. 2, x (édit. de
Lyon, 1574, reproduite dans le tom. IV du *Trésor d'Otton*), où sont dis-
cutées les opinions plus anciennes des philologues du xvᵉ siècle, tels qu'Her-

cette étude, aient pu servir de guide à nos recherches, et

---

molaus Barbarus, et des jurisconsultes du même âge, tels que Socin, et après lui Alciat ; 3° Cujas, *Observat.*, lib. 3, c. 35, et *Ad Novell.* 32. —Brisson, *Select. antiq.*, lib. 3, c. 1 (pag. 64 et suiv., ed. Trekell), et *de Verb. signific.*, v° *usura* et *centesima.* —Jos. Scaliger, *de Re numar.* (dans le tom. IX du *Thes. antiq. græc.* de Gronovius).—Rosin, *Antiq. rom.*, lib. 8, c. 6 (pag. 591, édit. de Reitz, 1743).—Fr. Hotoman, *Antiq. Jur. rom.*, et *lib.* 2, *Observat.*, c. 9. — Le Conte, *Lect. subseciv.*, *lib.* 2, *c.* 2 et 18 (*Opp.*, pag. 34 et suiv., édit. de Naples). — Dumoulin, *de Usuris;* Budée, *de Asse*, etc., etc.

Pour le xvii° siècle : J. Lipse, *ad Senec.*, *de Ira*, III, 33 (tome I°, p. 145, édit. *var.* de 1672). — Saumaise, *de Usuris*, Lugd. Bat., 1638, in-8° ; *de Modo usurarum*, ibid., 1639, in-8° (principalement pag. 799 et suiv.) ; *de fœnore Trapezit.*, ibid., 1640, in-8°, et *Miscell. defensiones pro Cl. Salmasio*, etc., ibid., 1645, in-8°. — Did. Herauld., *de Rer. judicat. autorit.*, et *Observat. et Emendat.*, dans le tom. II du *Trésor d'Otton.*—J. Godefroi, *Comment. ad tit. cod. Theodos. de usuris*, tom. I°, pag. 267 et suiv., édit. de Ritter. — Galvani, *de Usufructu*, c. 17, § 9. —Mart. Schooke, *Exercit. sacr.*, xix.—J. F. Gronovius, *Epist. ad Salmasium*, dans la *Sylloge epistolar.* de P. Burmann, tom. 2, pag. 548 et suiv.; et la réponse de Saumaise dans les *Salmas. epistol.* (Lugd. Bat., 1656, in-4°), pag. 244 et suiv.— J. F. Gronovius, *de Sestertiis, seu subseciv. pecun. vet.* (pag. 213 et suiv., et *ibid.* la *Mantissa*, pag. 409 et suiv.), édit. de 1691, Lugd. Bat., in-4°.— E. Spanheim, *Orb. roman.*, pag. 389 et suiv. (édit. d'Heineccius, 1728 ; Leips., in-4°. La 1re édit. est de 1697).—Gér. Noodt (en 1698), *de Fœnore et usuris* (lib. 2, c. 1), dans ses œuvres complètes, publ. par J. Barbeyrac en 1735, 2 vol. in-fol. (tom. I°, pag. 205 et suiv.).— J. Pitiscus, *Lexic. antiq. roman.* v° *uncia* et *usura*, édit. de 1713 (2 vol. in-fol.), etc., etc.

Pour le xviii° siècle, C. Bynkershoeck, *Observ. Jur. rom.*, lib. 1, c. 1, et *Lib. singul. ad L. Lecta*, 40, *ff.*, *De reb. credit.* (*Opp.*, tom. I°, pag. 9 et suiv.; et tom. II, pag. 11 et suiv., édit. de Vicat, 1761). — Conradi, Trekell, Meermann, Bach, Jugler, Cannegieter, Mazocchi et autres, indiqués par Haubold, *loc. citat.*, pag. 371, 376 et 432. — Neuhaus, *Dissert. jurid. ad leg. Pœtiliam de obœratis debitorib.*, Lips., 1739, in-4°.—J. Taylor, *Comm.*

que les systèmes divers de chacun d'eux aient jeté une lumière nouvelle sur la question (1).

---

ad L. Decemviralem de inope debitore, etc., dans le tom. Ier de la *Jurisp. ant.* de Fellenberg. — Montesquieu, *Espr. des Lois*, liv. 12, ch. 21, et liv. 22, chap. 19 et suiv. — J. H. de Raadt, *Diss. jur. de Statu, cond. et jurib. debitor. obærat. ap. Rom.* (1763), dans le tom. III du *Thes. novus* d'Oelrichs. — Beaufort, *la République romaine*, tom. II, pag. 418 et suiv. (édit. de 1766). — Hooke, *Discours et Réflexions critiques sur l'hist. et le gouvernem. de l'anc. Rome* (trad. de l'anglais et recueillis par M. C.), tom. Ier, pag. 227 et suiv. (Paris, 1784, 3 vol. in-12). — Heineccius, *Ant. rom.*, lib. 2, tit. 1, et lib. 3, tit. 15 (pag. 352 et suiv., et pag. 527 et suiv.; édit. de Mühlenb.).

Pour le XIXe siècle, les auteurs indiqués par Haubold, *loc. cit.*, et Bouchaud, *Comment. sur la loi des XII Tables*, tom. Ier, pag. 172 et suiv., 441 et suiv. (édit. de 1803). — Thierbach, *Hist. juris civilis de pignoribus*, Lips., 1814, in-4°. — Böcking, *de Mancipii causis;* Berlin, 1826, in-8°. — Niebuhr, *Rom. Gesch.*, tom. Ier, pag. 637 et suiv., 3e édit.; tom. II, p. 667 et suiv.; tom. III, pag. 178 et suiv. (2e édit.). — Zimmern, *Gesch. des römische Privatr.*, tom. III, § 44 et suiv. — M. de Savigny, *Ueb. den Zinswucher des M. Brutus;* Berlin, 1820, in-4°, et *Ueb. das altröm. Schuldrecht;* Berlin, 1834, in-4°. — Walter, *Gesch. des röm. Rechts;* Bonn, 1840, pag. 641 et suiv. — M. de Scheurl, *Vom Nexum;* Erlang, 1839, in-8°. — Schilling, dans le *Krit. Jahrb. für deut. Rechtswiss.*, 1839, t. III, pag. 200 et suiv. — Sell, *de Jur. rom. nexo et mancipio*, Brunsw., 1840, in-8°. — Corn. Van Heusde, *de Lege Pœtelia Papiria ;* Traj. ad Rhen., 1842, in-8°. — G. Haeckerman, *de Legislatione decemvirali;* Gryph., 1843, in-8°. J. J. Bachofen, *Das* NEXUM, *die* NEXI, *und die* LEX PETILLIA; Bâle, 1843, in-8°. — Ph. Huschke, *Ueb. das Recht der* NEXUM, *und das alte röm. Schuldr.*; Leipsig, 1846, in-8°. — Puchta, *Institut.*, tom. Ier (édit. de 1845); Schrader, Dabelow, Schilling, etc., etc.

(1) Je ne dois pas oublier ici M. D. de la Malle et son *Économie politique des Romains;* Paris, 1840, 2 vol. in-8°.

§ Ier.

DU TAUX DE L'INTÉRÊT.

Les Romains étaient, comme on le sait, exclusivement adonnés à l'agriculture; et la propriété territoriale fut d'abord, chez eux, divisée en très-petits lots. Mais, par la force des choses, la population avait été poussée aux habitudes belliqueuses dès les premiers temps de la commune. Peuple agriculteur et guerrier tout à la fois, il ressentit, dans ses institutions et dans le cours de ses destinées, les bonnes et les fâcheuses conséquences de ses penchants; il dut aux habitudes agricoles le génie de l'ordre, la prudence administrative, les vertus domestiques, et la force même qui subjugua l'univers; mais, fréquemment obligé d'aller sans solde à la guerre, il éprouvait souvent le besoin de l'emprunt; et, dépourvu des ressources de l'industrie pour acquitter ses dettes, il était réduit au bénéfice éventuel et fugitif des prises sur l'ennemi, ou bien à souffrir les exigences odieuses des usuriers de la classe patricienne, dont la rigueur ne semblait être qu'une juste punition de la conduite déréglée des dissipateurs (1); car on sait qu'à Rome la dissipation du patrimoine était un délit sévèrement puni par l'opinion et par les lois (2).

L'emprunt est, en général, ruineux pour l'agriculture, pour la petite propriété surtout; parce que l'intérêt de l'ar-

---

(1) Voy. Montesquieu, *Espr. des Lois*, liv. 22, chap. 22, et le Discours d'Appius, dans Denys d'Halicarnasse, cité *inf.* pag. 91.

(2) Voy. mon *Hist. du droit romain*, pag. 139.

gent emprunté dépasse le produit net du fonds pour lequel on emprunte, et que l'accroissement du capital foncier solde rarement la différence. Cette vérité, incontestable chez les modernes, était d'une application plus désastreuse encore chez les anciens, attendu que le taux de l'intérêt était plus élevé chez eux que chez nous, et que les produits de l'agriculture étaient alors d'une valeur moindre qu'aujourd'hui. Les troubles que le prêt usuraire avait causés, dans la république romaine, arrachaient à Tacite l'expression triste d'un regret profond : *Sane vetus urbi fenebre malum , et seditionum discordiarumque creberrima causa; eoque cohibebatur antiquis quoque et minus corruptis moribus* (1).

L'emprunt à gros intérêt fut donc, dès les premiers temps, à Rome, une inévitable nécessité pour une partie considérable de la population; le menu peuple y perdit, peu à peu, la propriété du champ modique que chacun possédait, et dont le produit ne suffisait pas pour payer le prix d'un emprunt onéreux. En vain on essaya de remédier à ces maux; les remèdes furent pires que le mal lui-même. Le sénat était naturellement porté à défendre la cause des usuriers, laquelle, dans l'organisation de la cité romaine, se confondait presque avec la cause de l'ordre et du droit rigoureux. Le peuple était porté à soutenir la cause des débiteurs obérés; et la faveur populaire étant toujours un moyen facile d'obtenir du crédit et de la puissance, on flatta la passion du peuple par des propositions hostiles à l'usure, c'est-à-dire, au prêt à intérêt; mais ces propositions n'avaient jamais d'autre origine qu'un besoin momentané de faveur publique, ou bien une

---

(1) Ann., VI, 16. Orelli.

réaction fougueuse du parti plébéien ; et il en advint qu'elles manquèrent de suite, et qu'elles ne s'enchaînèrent point en un système d'amélioration, régulièrement ordonné. On ne se bornait pas à des expédients purement politiques, tels que la fondation de colonies, pour donner des moyens d'existence aux plébéiens ruinés. Tantôt, c'était une réduction que l'on imposait sur le capital prêté; tantôt, c'était une diminution extravagante des intérêts; tantôt, c'était leur suppression même; tantôt, l'abolition de la contrainte par corps ; on alla même jusqu'à proposer l'abolition des dettes : il en résulta, comme l'a très-bien remarqué Montesquieu, que les lois répressives de l'usure, loin de secourir efficacement les pauvres obérés, en aggravaient au contraire le sort, par leur exagération ; car la foi dans les contrats étant perdue, nul ne tentait à prêter que par d'énormes profits : il fallait payer et pour le prêt lui-même et pour les dangers publics du prêt. Le créancier et le débiteur conspiraient alors de concert pour éluder les lois. Heureuse la république, quand son repos et son salut lui-même n'étaient pas mis en danger par ces désordres !

Les besoins fréquents des emprunteurs excitèrent ainsi, de plus en plus, la cupidité des riches. L'avarice, naturelle au caractère romain, ne connut bientôt plus de bornes, et le législateur fut impuissant pour lui opposer des barrières. *Primo*, dit Tacite, *XII Tabb. sanctum, ne quis unciario fenore amplius exerceret, cum antea ex libidine locupletium agitaretur* (1).

Il se présente une première observation à faire sur ce texte. Est-ce bien la loi des XII Tables qui a réduit l'intérêt de

---

(1) Tac., *ibid.* — Cf. Caton, *de Re rustica, procœm.* Schneider.

l'argent à l'*unciarium fenus?* Montesquieu a cru que Tacite
s'était trompé, et qu'il avait pris pour la loi des XII Tables
la loi proposée en 398 par les tribuns Duilius et Mænius.
Mais Montesquieu ne donne, à mon sens, aucune bonne raison
de son opinion. Il est difficile de supposer que Tacite ait fait
erreur sur un fait semblable, et d'ailleurs son témoignage est
confirmé par celui de Caton et d'Asconius. Le premier dit (*loc.
cit.*) que : *Tabulæ XII posuerunt furem duplo condemnari,
feneratorem quadruplo ;* et Asconius (1) ajoute : *Qui convicti
quadrupli condemnari soleant, ut aleæ aut pecuniæ sub gra-
vioribus usuris feneratæ quam pro consuetudine.* L'intérêt
usuraire, approuvé par la coutume, était probablement
l'*unciarium fenus*, et c'est là ce que veut dire Tacite. D'autre
part, il est certain, d'après Caton, que la loi des XII Tables
avait réprimé l'usure exagérée (2). Aussi Montesquieu, attaqué, quoique faiblement, à raison de son opinion, l'a-t-il
défendue d'une manière évasive (3). Avant lui, J. Lipse
avait soutenu la même proposition, et puis il avait préféré
croire que Tacite confondait la loi des XII Tables avec la loi
Genucia de l'an 412. Cette hypothèse est aujourd'hui aban-
donnée (4). Les lois *Duilia* et *Genucia* ont évidemment sanc-
tionné un droit préexistant.

La seconde question est de savoir quel était cet *unciarium
fenus*, auquel, selon Tacite, la loi des XII Tables avait réduit

---

(1) Voy. Asconius, *In Cic. divinat. in Cæcil.*, c. 7. Cf. pourtant Hugo,
Gesch. d. röm. Rechts, p. 293-297, 11ᵉ édit.

(2) Voy. Dirksen, *Ub. Zwolf-Taf.*, etc., p. 594 et suiv.

(3) Voy. la *Défense de l'Esprit des Lois*, art. *Usure.*

(4) Voy. Ruperti, sur Tacite, *loc. cit.*, et Bekker, *ibid.*

l'intérêt de l'argent? Aucune question peut-être n'a plus
exercé la sagacité des érudits que celle que nous venons de
poser. Au XVIe siècle, l'opinion générale des jurisconsultes,
tels que Cujas, et des archéologues, tels que Paul Manuce,
était que l'*unciarium fenus* équivalait au 12 pour cent par
an (1). Cette opinion a été gardée par des lexicographes es-
timés, tels que Forcellini.

Au XVIIe siècle, quelques érudits s'avisèrent de soutenir
qu'il s'agissait de 12 pour cent *par mois,* et non *par an,* par
la raison que les intérêts se payaient à Rome, comme en Grèce,
par mois et non par an. Cette opinion trouva peu de secta-
teurs ; mais, en la réfutant, Saumaise et Gronovius dévelop-
pèrent une autre opinion (2), que leur autorité fit prévaloir,
qui fut adoptée par Montesquieu, et qui trouve encore de
très-savants défenseurs aujourd'hui. Selon eux, l'*unciarium
fenus* ne désignait que le 1 pour cent par an; c'est-à-dire que
l'*uncia* devait s'entendre, ici, non du *sors,* ou capital, mais
de la *centesima usura,* ou centième denier que le débiteur

---

(1) Voy. Paul Manuce, *In epistol. VI, lib. 5, Ciceron. ad familiar.*, t. Ier,
p. 213, édit. de Græv.; et *In epistol. XI*, *lib.* 1, *Ciceron. ad Attic.*, p. 63
et 27, tom. Ier, même édit. —Voy. aussi Panzirol, *Var. lect.* lib. 1, c. 67,
p. 1053 de l'édit. d'Heineccius (tom. II de la *Jurisp. rom. et attica*). Cependant Jean Kahl (Calvinus) soutenait déjà, dans son *Lexique*) v° *Usura*, édit.
de 1622, *Colon. allobr.*), que l'*unciarium fenus* n'équivalait qu'à l'un pour
cent, et Paul Manuce nous apprend aussi que telle était l'opinion de plusieurs archéologues de son temps.

(2) Cette opinion fut celle de Noodt et d'Ernesti; elle a obtenu, de nos
ours, l'appui de M. Naudet, et le sentiment d'un si habile maître est d'un
grand poids. Voy. les *Séances et trav. de l'Acad. des sc. mor.*, tom. III
p. 232.

payait, par an, au créancier. L'*uncia* indiquerait, dans ce système, non la fraction directe d'un capital, mais seulement une
fraction de fraction, c'est-à-dire, un dividende de l'intérêt, au
lieu du principal. Examinons cette doctrine.

L'*as* était chez les Romains une unité systématique et de
convention, dont le nom s'appliquait à tout objet principal
susceptible de division. *Quidquid unum est, et quod ex inte-
grorum divisione remanet, assem ratiocinatores vocant*, dit le
Mensor Balbus (1). L'*as* est donc un entier quelconque, désigné
par un nom monétaire figurément employé dans un sens al-
gébrique. L'*as* est toujours une quantité primitive ; il n'indique jamais une somme subdivisée. Le mot *as* était lui-même
une contraction, d'origine tarentine ou sicule, du dorique αἷς
ou εἷς. Employé d'abord, dans le langage romain, pour désigner une pièce de monnaie, il reçut ensuite une extension
métaphorique qu'il avait peut-être déjà chez les Grecs, et
qui se propagea par l'emploi de la balance dans les conventions civiles ; il exprima, dès lors, une somme donnée, une
masse partageable, un tout quelconque, une unité fondamentale (2). Or, la division ancienne de l'as dorique ou sicule

---

(1) Voyez le précieux fragment de Balbus, *de Asse*, à la suite du Traité
de Gronovius, *de Pecun. vet.*, édit. cit., et dans le *Corpus juris romani an-
tejustiniani*, imprimé à Bonn (1841, in-4°), où ce fragment est réuni à
l'*Assis distributio* de Volusius Mæcianus. Cf. surtout la collection intitulée
*Prisciani cæsariensis, Rhemnii Fannii, Bedæ angli, Volusii metiani libri de
nummis, ponderibus, mensuris*, etc., *ab Elia Vineto Santone emendati*; Paris,
1565, in-8°. L'opuscule du grammairien Rhemnius Fannius ne se trouve,
à ma connaissance, que dans ce livre rare, et dans une édition *princeps*
de 1494, plus rare encore.

(2) Les témoignages de quelques grammairiens anciens sont recueilli[s]

était duodécimale, et cette douzième partie avait nom ούγκία : appellation qui fut également adoptée par les Romains, avec un sens métaphorique analogue à celui de l'as; et comme la solennité religieuse du pesage, par la balance, consacrait ces dénominations numérales, il advint que ce système duodécimal fut appliqué à toute chose, dans la terminologie légale et usuelle; d'où vient qu'Ulpien dit : *solemnis assis distributio in duodecim uncias fit* (1).

D'après ces idées, une succession à partager fut appelée un as, et ses fractions furent nommées des *unciæ*, au lieu du nombre ordinal qui aurait pu les indiquer. L'*uncia* elle-même se subdivisa plus tard, au figuré comme au positif. Mais le nom d'as est réservé, dans le droit romain, à l'hérédité elle-même, à la masse principale, à la *monade* primitive, pour me servir d'une expression de Saumaise; il n'est jamais donné à la part subdivisible qui échoit, par exemple, à un ordre de successibles venant par représentation. Cette division est toujours une *uncia*. *Ex asse hæres,* est donc toujours l'héritier direct du *corpus integrum* ou *residuum.* De la même manière, on put dire d'un individu qui possédait intégralement : *ex asse possidet.* Le prix d'une chose vendue s'appelait également un as; et l'on disait d'un débiteur : *ex asse debet.* Tout de même, comme l'intérêt ordinairement stipulé était du douzième du capital, pratique tirée, peut-être

---

et discutés avec une merveilleuse sagacité par Saumaise, *de usuris,* p. 575 et suiv., et surtout *de modo usurarum,* pag. 251 et suiv.

(1) Frag. 13, § 1. Dig. xxviii, 5, *de heredib. instit.* Cf. les divers textes anciens indiqués par Brisson, *de verb. signif.,* v⁰ *as,* édit. de 1743; et Guill. Budé, *de asse,* fol. 4, éd. d'Alde, 1522.

originairement, de la subdivision de l'as-monnaie, on appela
cet intérêt *fenus unciarium ;* on nomma aussi *uncia jugeri,*
la douzième partie d'un jugère de terre ; on dit d'un héritier
pour un douzième : *ex uncia heres ;* et un poëte a même dit :
uncia Falerni. L'interprétation de ces mots : *fenus unciarium,*
était fort simple pour les Romains. Elle est devenue moins
claire pour nous modernes, à cause de l'introduction d'un
nom nouveau qui remplaça celui de *fenus unciarium* et qui
en effaça le souvenir, parce qu'il exprimait une chose différente ; je veux parler de la *centesima.*

L'erreur de Paul Manuce provenait d'une confusion de
l'*unciarium fenus* et de la *centesima.* Elle avait été justement
relevée par Grævius (1), mais pour tomber dans une autre
erreur ; car ce dernier confondit l'*uncia* de l'as, ou du capital
prêté, laquelle était payable chaque année seulement, avec
l'*uncia* de la *centesima,* laquelle aurait été payable par chaque
mois ; ce qui, d'une autre façon, était toujours une confusion de l'*unciarium fenus* avec la *centesima usura.*

Il nous a paru que l'*unciarium fenus* était tout autre chose
que la *centesima.* A notre point de vue, l'*unciarium fenus*
était du douzième du capital, et non pas du douze pour
cent ; nous croyons que le règlement de l'*unciarium fenus*
était primitivement annuel, et non mensuel ; nous croyons
encore que l'année à laquelle il se rapporta d'abord était
l'ancienne année romaine de dix mois, et non l'année de
douze mois du calendrier réformé. Enfin nous croyons que
la *centesima usura* fut un emprunt fait aux habitudes grecques vers les derniers temps de la république, époque à

---

(1) Sur l'épît. XII de Cicéron, *lib.* I, *ad Atticum,* édit. citée.

laquelle on ne parla plus du vieil *unciarium fenus*, et où le règlement mensuel fut consacré par l'usage, avec une aggravation d'usure légale.

Que l'*unciarium fenus* fût du douzième du capital prêté, c'est ce qu'indique le nom même de cet intérêt usuraire. Chaque année, une *uncia* du *sors* ou principal était payée par le débiteur, à titre d'intérêt. Pour chaque as ou capital fourni, le créancier recevait une *uncia* ou le douzième du fonds, au bout de l'an. En d'autres termes, l'argent était prêté au 8 1/3 pour cent; nous en avons, dans l'étymologie grammaticale, une preuve philologique corroborée par la raison critique, laquelle nous semble confirmer complétement notre hypothèse.

Comment concevoir en effet qu'un intérêt de un pour cent par an eût excité des émeutes? comment comprendre qu'on l'eût réduit violemment au demi pour cent? comment comprendre, surtout, que ce dernier taux eût paru encore accablant? comment admettre, enfin, qu'un intérêt aussi modique pût être réglé par douzième, alors que la monnaie romaine se pesait plutôt qu'elle ne se comptait? Si l'on considère que chez un peuple agriculteur les revenus sont annuels et non mensuels, et que par conséquent les payements périodiques doivent suivre ordinairement l'échéance naturelle des revenus; si l'on considère, d'un autre côté, que le payement effectif et le règlement monétaire d'un douzième d'intérêt, à un pour cent, étaient impossibles à une époque où la monnaie était si rare et si lourde, et où les emprunts n'avaient pour objet que de petites valeurs en capital, on restera convaincu que le règlement de l'intérêt devait être annuel dans la vieille Rome, tout adonnée à l'agriculture au temps des XII Tables, et qu'il ne devint mensuel qu'à l'époque de l'envahissement des mœurs grecques, époque où l'accroissement des fortunes mobilières permit d'adopter les pratiques commerciales de la Grèce.

Quant à l'année à laquelle se rapportait l'*unciarium fenus,* c'était évidemment la vieille année de dix mois, qui était d'un commun usage chez les peuples italiotes (1), et fort mal réglée, selon le témoignage de Censorin. On a dit, il est vrai, que le calendrier romain avait été rectifié dès le règne de Numa; mais, d'abord, il est incertain si cette correction est due à Numa ou à l'un des Tarquins (2); il paraît ensuite, à nos yeux, démontré que, malgré les rectifications dont il s'agit, la pratique ancienne l'emporta sur les conseils de la science ou sur les actes de l'autorité; car, d'un côté, Censorin atteste que l'année de dix mois était d'un souvenir récent à Rome, *recentioris memoriæ;* et, d'un autre côté, le même auteur nous apprend, avec d'autres, que le règlement de l'année demeura confié au collége des pontifes, lequel, au gré des intérêts privés, pouvait allonger ou diminuer la durée de la période annale. Or, il est clair qu'au milieu de ce désordre, l'usage établi dut prévaloir, comme règle fixe, dans les contrats (3); et, d'ailleurs, on sait quelle était, à Rome, la persistance des anciennes pratiques dans le règlement des

(1) Censorin, *de die natali*, cap. XX, édit. d'Havercamp.

(2) Censorin, *ibid.* — Tite-Live, Plutarque et Macrobe appuient la tradition relative à Numa.

(3) Sur l'année décimestre, voy. Aulu-Gelle, liv. III, chap. 16; Macrobe, *Saturnal.*, I, *cap.* 12; Solin, *cap. III*, et, *ibi*, Saumaise. Voyez surtout Ovide, *Fast.*, liv. III, v. 120, suiv., et, *ibi,* Merkel (Ovid., *Fast.*, Berol.' 1841, in-8°, *edid.* Merkel) et Burmann.

3

affaires civiles ; on sait encore que l'autorité de J. César put seule donner à la distribution des douze mois une régularité qui leur manquait encore, et qu'elle détermina d'une manière définitive et stable la computation nouvelle.

On peut donc conjecturer, sans trop de témérité, que l'année décimestre était encore en usage au temps de la loi des XII Tables, et qu'elle subsista même longtemps après, ainsi que l'ont prouvé, par d'autres arguments que je ne répéterai pas, plusieurs savants modernes (1). Le poids de l'usure *unciaire* devait être d'autant plus lourd pour les débiteurs, puisque l'échéance de l'intérêt arrivait deux mois plus tôt que dans l'année réformée, ce qui portait l'intérêt de 8 1/3 à 10 pour cent.

Le règlement mensuel des intérêts échus était de pratique usuelle chez les Grecs d'Orient et surtout à Athènes, ainsi qu'on peut le voir en détail dans les livres de Saumaise que j'ai déjà cités. La *centesima* par mois, ou le douze pour cent par an, était même le taux régulier de l'intérêt à Athènes (ἐπὶ δραχμῇ); le taux le plus modéré paraît avoir été de 10 pour cent (2). Il est donc à présumer que les habitudes grecques, en s'introduisant à Rome, y ont porté la *centesima*, et que la stipulation d'un intérêt mensuel était déjà devenue géné-

---

(1) Voy. Ideler, *Man. de chronol.* (en allem.), 2, p. 53. — Niebuhr, *Römisch. Gesch.*, t. II, p. 431-39, et t. III, p. 61-71. — Schrader, *Rechtsgeschichtl. Bemerk.*, n. 5, dans le *Civilist. Magaz.* de Hugo, t. V, n. 7, p. 180-184. On y trouve une ingénieuse et savante explication des *Graviores* et *Leviores mores*, dont il est parlé dans les *Fragm.* d'Ulpien, tit. 6, § 12. — Petau, *Ration. tempor.* et *Doctrina tempor.*, *passim*.

(2) Voy. Boeckh, *Écon. polit. des Athéniens*, t. I, p. 209 et suiv. (trad. franç.).

rale lorsque la réforme du calendrier, par Jules César, eut donné à la supputation du temps la certitude qui lui manquait jadis. C'est alors que l'*unciarium fenus* tomba en désuétude, et que l'intérêt nouveau, protégé par l'autorité du préteur, prit le nom de *centesima usura* et d'*usura legitima* (1), laquelle se payait en réalité aux kalendes de chaque mois, *tristes kalendæ, celeres kalendæ*. Quoique ce taux, substitué par la coutume au taux légal, fût supérieur à l'ancien, il n'excita pas les périlleuses agitations qui avaient jadis menacé la république ; et cela s'explique par l'augmentation de la richesse générale, par le changement introduit dans la constitution sociale, par les progrès de l'industrie, par l'élévation du prix de l'argent, et par l'accroissement de deux mois dans l'année contractuelle. Le résultat de ces divers événements fut que l'*unciarium fenus* tomba en oubli, et que son nom même disparut du langage juridique. On ne le retrouve nulle part, dans les textes des jurisconsultes qui sont parvenus jusqu'à nous ; et la langue littéraire n'employa, désormais, cette expression que pour rappeler la disposition de la loi des XII Tables ou des lois relatives à son exécution.

Le mot *uncia* reçut même alors une application toute nouvelle ; car, dans les supputations de l'usure, la somme des centésimes mensuelles fut fictivement convertie en as divisible, et, du nombre plus ou moins considérable d'*unciæ* de l'*as usurarium* que devait payer le débiteur, on tirait la dénomination légale de l'intérêt stipulé : *Deunx, quincunx, do-*

---

(1) Voy. Heineccius, *Antiq. rom. jurisp.*, p. 530 et 534, édit. de Mühlenbruch.

drans, septunx, etc. (1). Toutefois cette qualification n'était plus exclusivement adoptée; car si quelques jurisconsultes parlent des *Trientes usuræ,* par exemple (2), le jurisconsulte Paul emploie de son côté le nombre ordinal, et dit : *Tertia centesimæ* (3). Il est à remarquer encore que, dans ce système de division de l'as usuraire, l'un pour cent était désigné sous le nom d'*unciæ usuræ* (4), et non pas sous le nom de *fenus unciarium,* qu'il eût dû conserver pourtant, s'il avait exprimé la même idée, ainsi que l'ont pensé plusieurs savants.

Nous avons dit que le frein imposé par la loi décemvirale à l'avidité des usuriers ne fut pas respecté. D'autres lois postérieures furent également impuissantes. Elles suscitèrent même quelquefois des séditions du patriciat, et Tite-Live a conservé la mémoire d'un magistrat romain qui fut assassiné sur son siége, parce que sa justice était habituellement favorable aux débiteurs obérés (5). En 378, une loi *Licinia* fut portée (6) pour réprimer d'odieuses exactions (7). Peu de temps après, la loi *Duilia* ramena de nouveau les patriciens

---

(1) Voy. Brisson, *de verb. signif.,* v° *Usura,* et Heineccius, *loc. cit.*

(2) Fr. 7, § 10, Dig., *de Administ. tut.*—Fr. 3, § *ult.* Dig., *Ad leg. Falcid.*

(3) Fr. 17. Dig., *de Usuris.*

(4) Fr. 47, § 4. Dig., *de Administ. tut.*

(5) *Cum ære alieno oppressa esset civitas, A. Sempronius Asellio prætor, quoniam secundum debitores jus dicebat, ab iis, qui fenerabantur, in foro occisus est.* Epit. Liv., 74.

(6) *Ut, deducto eo de capite, quod usuris pernumeratum esset, id quod superesset, triennio æquis portionibus persolveretur.* Tite-Live, VI, 35.

(7) Un débiteur exaspéré s'écriait : *Se militantem, se restituentem eversos penates, multiplici jam sorte exsoluta, mergentibus semper usuris obrutum fenore esse.* Tite-Live, VI, 14.

à l'observation de la loi fondamentale (1); mais la fougue d'un tribun fit bientôt réduire l'intérêt au *semiunciarium fenus* (2) : résolution violente sur laquelle renchérit encore la loi *Genucia*, qui défendit de prêter à intérêt (3). Ces folies inutiles, comme beaucoup d'autres de ce genre, n'empêchèrent pas le fléau destructeur de se reproduire sous mille formes différentes (4); il y eut encore des séditions dans le siècle de Sylla (5). Lorsque César convoitait la faveur démocratique, il proposa, de nouveau, des tempéraments pour le prêt usuraire, et il en fit un décret quand il fut investi de la dictature (6). Il fut question de les renouveler sous Ti-

---

(1) Et voilà pourquoi la loi *Duilia* fut pendant quelque temps agréable au peuple, et mal reçue des patriciens. *Haud æque læta patribus.... plebs aliquanto eam cupidius scivit accepitque.* Tite-Live, VII, 16. Voy. *ibi*, Duker, dans l'édit. de Drakenborch.

(2) Tacite, *Annal.*, VI, 16. — Tite-Live, VII, 27. La loi est de l'an 408.

(3) Voy. Tite-Live, VII, 42. — *Postremo, vetita versura*, dit Tacite, *Ann.*, VI, 16. Voyez, sur le sens controversé du mot *versura*, les *Observationes latinæ linguæ* de Hub. van Giffen (Obertus Gifanius), Altenburg, 1762, in-8°, p. 494, et Savigny, *Ub. den Zinsw. des M. Brutus.* Le sens de *versura* n'a pas toujours été synonyme d'*usura*. La signification de ce mot a varié avec le temps. Il y avait jadis *versura, cum sors, usuris non solutis, in sortem majorem vertebatur.* Voy. Orelli, sur Tacite, *Annal.*, VI, 16 (*Turici*, 1846, in-8°); Niebuhr, *R. gesch.*, I, pag. 209, éd. 2°; — et *infra*, pag. 24. — La loi *Genucia* est de l'an 413. Voy. Appien, *de Bell. civ.*, I, 54, Schweigh.

(4) *Multisque plebiscitis obviam itum fraudibus, quæ totiens repressæ, miras per artes rursum oriebantur.* Tacite, *Annal.*, VI, 16. — Voy. Tite-Live, XXXV, 7.

(5) Voy. Appien, *de Bello civ.*, *loc. cit.*

(6) *Magna vis accusatorum in eos inrupit, qui pecunias fenore auctitabant,*

bère (1); mais les temps avaient changé; ce vieux levier des
factions était devenu impuissant, et la *centesima* (12/00) fut
la règle générale des emprunts, autorisée d'abord par les édits
des préteurs (2), et plus tard par les lois ou constitutions impériales (3).

Il est donc certain qu'avant la loi des XII Tables l'usure
illimitée était, à Rome, la plaie dévorante de la population;
que la limite opposée à l'avarice patricienne fut l'*unciarium
fenus ;* que l'abaissement de l'intérêt au-dessous de ce taux ne
fut qu'une vaine et momentanée satisfaction donnée au peuple, et que, plus tard, la pratique du 12 pour cent s'établit
comme règle générale, comme habitude courante, à Rome,
où cette usure fut considérée comme modérée, puisqu'elle
était légale. Mais la *plebs* romaine, du temps de la république,
était écrasée par l'*unciarium fenus;* et, sous les empereurs,
elle supporta, sans se plaindre, la *centesima*, parce qu'elle
trouvait alors, dans le commerce, des moyens réparateurs
qui lui manquaient dans la première période.

La haine du prêt à intérêt est inhérente à la condition des
peuples agriculteurs, et voilà pourquoi nous la trouvons dans

---

*adversus legem dictatoris Cæsaris, qua de modo credendi possidendique intra
Italiam cavetur, omissam olim, quia privato usui bonum publicum postponi-
tur.* Tacite, *Annal.*, VI, 16 et *ibi* Orelli.

(1) Voy. Dion Cassius, LVIII, 21. Sturz.

(2) Voy. la lettre de Cicéron à Atticus, V, 21. L'édit de l'équitable pro-
consul de Cilicie était évidemment calqué sur l'édit du préteur de Rome.
Cf. Heineccius, *Antiquit. proœm.*, § 15.

(3) Cicéron, *Epist. ad Atticum*, V, 21, fait mention d'un sénatus-consulte;
les constitutions impériales sont indiquées dans le fr. 13, § 26, Dig. 19, 1,
et dans la const. 20, cod. Just. 4, 32.

le moyen âge de l'histoire moderne, comme dans le moyen âge de l'histoire romaine (1). C'est qu'aux deux époques l'agriculture était presque la source unique des revenus : or, l'agriculteur est antipathique avec le prêteur à intérêt. Pour l'agriculteur, toute prestation pécuniaire est une charge lourde, et souvent intolérable ; l'argent a, dans ses mains, la nature de capital, et ce capital est généralement improductif. Le capitaliste, au contraire, perçoit un intérêt ou profit que l'agriculteur est obligé de payer avec un capital. L'acte du prêt usuraire apparaît donc comme inique en lui-même, dans cette période de la civilisation.

A l'époque patriarcale de l'histoire romaine, l'éducation du bétail était la source principale de la richesse ; de là l'origine des mots *peculatus* et *pecunia* (2). Alors, c'était moins la monnaie elle-même qui était l'objet ordinaire du prêt qu'une chose fongible, nécessaire pour la consommation des colonies agricoles. C'est pourquoi l'intérêt se nomma d'abord *fenus :* expression prise de l'objet productif par excellence, et qui ne se distingue que par une légère nuance phonique, de *fenum* et de *fetus,* lesquels représentent les deux produits principaux de ce temps-là. Telle est la véritable origine étymologique du mot *fenus,* tirée de la nature primitive de la chose qu'il exprime (3).

_____

(1) Voy. J. Müller, *Comment. ratio et historia odii, quo fenus habitum est,* Gott., 1821, in-4°.

(2) *Peculatus est nunc quidem qualecumque publicum furtum, sed inductum est a pecore, ut pecunia quoque ipsa.* — *Festi fragm.,* ed. O. Müller, pag. 213. Cf. pag. 253.

(3) Voy. Paul Diacre, *Excerpta Festi,* v° *Fenus,* pag. 86 et 94, Muller. Cf.

Ce furent la nature des récoltes et la périodicité des produits de la terre qui donnèrent au cours des intérêts la durée
d'un an. Les intérêts, par la même raison, furent considérés
comme des parties du capital, de telle sorte que *fenus* dési-
gna, dans le langage juridique, le capital productif lui-
même (1), et que le taux de l'intérêt se détermina d'après les
portions aliquotes du capital dont il provenait, par exemple,
semissarium pour la 1/2, *fenus unciarium* pour le 1/12 du
capital (2).

Il est même probable que dans ces premiers temps, ainsi
qu'au moyen âge, le *fenus* se pratiquait sous la forme de
l'antichrèse. L'emprunteur donnait, en échange du prêt, son
fonds de terre en gage (*fiducia*), avec la *nuncupatio* que
le créancier, jouissant à titre précaire, percevrait une partie
ou la totalité des fruits, pour lui tenir lieu des intérêts.
Cette union du prêt et de la *fiducia* resta en usage, pour les
emprunts des agriculteurs, jusque dans les derniers temps
de la république ; ce qui explique, entre autres choses, pourquoi l'expression *versuram facere* fut employée pour indiquer un simple emprunt d'argent (3); car la *fiducia* permet-

---

avec Varron, dans Aulu-Gelle, XVI, 12 ; et Saumaise, chap. 2, de son traité
de Usuris, où cet admirable érudit propose une autre étymologie qui semble
inadmissible.

(1) Voy. les Lexiques juridiques de Brisson et de Dirksen.

(2) Voy. Gronovius, *de pec. vet.*, 3, 13 et 14 ; et Huschke, *loc. cit.*,
pag. 98 et suiv.

(3) *Versuram facere mutuam pecuniam sumere ex eo dictum est, quod
initio, qui mutuabantur ab aliis, non ut domum ferrent, sed ut aliis solve-
rent, velut verterent creditorem.* Paul Diacre, *Excerpt. Festi*, pag. 379.

tant, comme l'hypothèque, l'engagement successif de la même chose à plusieurs créanciers, le cultivateur qui voulait faire un nouvel emprunt, soit pour payer une dette, soit pour un autre besoin, échangeait souvent un créancier contre un autre, et faisait ainsi novation, en accumulant les intérêts avec le capital dans un engagement nouveau.

Mais les prêteurs ne se contentèrent pas longtemps des revenus éventuels du *fundus fiduciarius*. Il était plus commode pour eux de retirer une rente assurée et monnayée, dont le taux n'était alors fixé par aucune loi(1), et qui augmentait à chaque *versura* ou règlement nouveau. Ce fut donc un grand bienfait que la fixation de l'*unciarium fenus* par la loi des XII Tables. La loi se borna d'abord à prononcer la peine du quadruple contre l'usurier (2); plus tard, on ajouta la peine d'une amende édilitienne (3). En effet, l'éducation du bétail ayant fait place à un système d'agriculture perfectionnée, dans lequel le travail de l'homme intervenait avec avantage comme élément producteur, la monnaie fut substituée aux substances fongibles, et devint ainsi une force productive. La prospérité de l'agriculture provoqua le commerce et les échanges. Dans la période précédente, le pasteur empruntait des céréales, qu'il rendait, au bout d'un an, avec une prime, à titre d'intérêt. Dans celle-ci, l'agricul-

---

Muller.—Cf. avec le grammairien Donat, sur Térence, *Phorm.*, V, 2, 15, Westerhof.

(1) Tacite, *Ann.*, VI, 16. — Denys d'Halic., VI, 58, — etc...

(2) Voy. *supra*, pag. 11.

(3) *Judicia eo anno populi tristia in feneratores facta, quibus ab ædilibus dicta dies esset, traduntur.* Tite-Live, VII, 28.

teur contractait un prêt d'argent, pour l'employer à l'amélioration de son champ, ou pour réparer les pertes occasionnées par la guerre; et il s'obligeait à rendre le fonds, avec les intérêts, après la perception de la récolte. L'opération avait donc changé de nature, mais en demeurant plus ruineuse peut-être pour cette époque transitoire. Voilà pourquoi la limitation du taux de l'intérêt apparaissait au peuple comme un adoucissement, et non pas comme la suppression de l'injustice de l'usure (1). Cédant à sa passion aveugle, il ne trouva de satisfaction que dans l'abolition même du prêt à intérêt.

Ce fut lorsque l'industrie et le commerce devinrent les sources principales de la richesse, dans une mesure toutefois plus bornée que chez les Grecs, ce ne fut qu'alors que le prêt à intérêt fut tolérable, malgré l'élévation constante du prix de l'argent, comparativement au taux des intérêts modernes. L'argent, en effet, signe de la richesse ou instrument du commerce, était bien plus rare chez les anciens que chez nous, et la cause en est connue. Mais, à l'époque dont nous parlons, le travail de l'homme avait pris la place qui lui est due parmi les éléments producteurs; et l'argent, facilitant les mouvements de l'industrie, était compté comme capital productif, par l'usage habile qu'en faisait l'intelligence humaine. L'intérêt s'appelle dès lors *usura* (2); il n'est plus compris dans le capital, comme les fruits dans la chose

---

(1) *Nam etsi unciario fenore levata usura erat, sorte ipsa obruebantur inopes et nexum inibant.* Tite-Live, VII, 19.

(2) *Quæ quum accederet ad sortem, usu usura dicta.* Varron, *de Ling. lat.*, V, 183. Muller.

principale. Il en est tout à fait distinct ; c'est une acquisition indépendante, émanant de l'usage de la personne. Il ne s'évalue plus comme portion du capital, mais d'une manière abstraite, *à tant le cent,* et la période de son échéance n'est plus l'année, mais le mois. Telle est la théorie économique de la matière ; elle est parfaitement d'accord avec les instructions de l'histoire.

Dans tous les cas, les faits constatés ne permettent pas de supposer l'existence d'un intérêt normal de 1 pour cent ou d'un 1/2 pour cent par an, pendant la période républicaine de l'histoire de Rome. Comment aurait-on osé demander l'abolition de l'usure, si elle avait été réellement réduite, dans la pratique courante, à 1/2 pour cent? Et, cependant, l'histoire nous montre le peuple romain réclamant perpétuellement contre l'exagération de l'usure légale.

§ II.

DU *NEXUM* ET DE SON ORIGINE.

On comprend maintenant comment une pareille situation sociale a pu engendrer de dangereuses séditions et de déplorables désespoirs. On le comprend mieux encore quand on connaît les lois qui régissaient le prêt d'argent, considéré comme simple engagement civil. La loi civile ajoutait ici ses vices propres aux vices de la loi politique et de la situation sociale ; car, en tout ce qui touche la liberté et la dignité humaine, le droit ancien est resté loin de la générosité du droit moderne, même après que le droit ancien eut été amélioré sous l'influence des plus belles doctrines philosophiques de l'antiquité. Ceci nous conduit à parler du NEXUM. Nous re-

chercherons d'abord l'origine de cette solennité contractuelle;
nous traiterons plus tard de ses terribles effets.

Pour mieux garantir l'accomplissement de l'obligation
résultant du contrat de prêt, les Romains avaient revêtu cet
acte d'une forme sévère et vénérée, celle de la mancipation, employée dans les habitudes nationales, comme moyen solennel
de la transmission des propriétés. La nature de cet acte indique
une époque où l'argent était pesé, non point symbolique-
ment, mais effectivement et sérieusement. L'origine d'une
telle pratique remonte donc à l'époque pendant laquelle les
Romains ignoraient encore l'art de battre monnaie.

On conserva l'habitude de peser la monnaie pendant longtemps. En effet, la monnaie romaine, frappée à différents
coins, était en circulation concurremment avec la monnaie des
villes voisines. Dans ce mélange, la balance pouvait seule ramener toutes ces monnaies à l'unité et au même étalon de
valeur; et cette réduction s'opérait facilement par le pesage,
puisque la matière de ces diverses pièces était un métal de
même nature, c'est-à-dire le cuivre. Le pesage dura aussi longtemps que la monnaie de cuivre eut seule cours. Il dut cesser
lors de l'introduction de la monnaie d'argent, parce qu'il fallut
examiner alors si la monnaie était de bon aloi, et la balance
n'y pouvait suffire. A partir de cette époque, ce qui auparavant avait servi, dans un but sérieux, devint un pur symbole;
et l'on peut, d'après cette idée, déterminer ce que fut, pour les
temps plus récents, la *mancipation :* ce ne fut plus qu'une
symbolique numération d'argent, faite d'après un rit antique,
évidemment religieux, empruntant sa force au droit public,
mais désormais inusité comme mode de numération effective, et toutefois obligeant à une exacte et rigoureuse exé-

cution la personne qui avait consenti à revêtir de cette
forme révérée l'engagement qu'elle avait contracté. On em-
ployait cet acte symbolique comme sanction des engagements
les plus importants de la vie civile. On l'employa comme
garantie des obligations, et spécialement comme garantie de
l'emprunt.

Il est indispensable d'entrer à ce sujet dans quelques détails, qui n'auront pas pour objet de donner carrière au fri-
vole désir de deviner une énigme de l'antiquité, mais de rechercher sérieusement le germe de la doctrine fondamentale du
droit romain en matière d'obligation et de transmission de
propriété.

La balance avait été d'abord l'instrument indispensable de
tout payement. Elle avait alors non-seulement une importance juridique, mais encore une importance matérielle et de
nécessité. Lorsque l'autorité publique eut en quelque sorte
signé le cuivre et garanti sa valeur par une empreinte connue,
cet *æs signatum* facilita beaucoup les opérations du commerce.
Le poids du métal resta, il est vrai, la chose décisive; mais
il ne fut pas nécessaire de le fixer pour chaque affaire. L'État
s'était chargé de ce soin, en indiquant, par l'empreinte, le poids
d'une pièce de métal déterminé. Cependant la balance resta
toujours en usage; elle eut même, alors, une double destina-
tion : d'abord elle servait éventuellement à vérifier le poids de
la monnaie, lequel, comme le dit Gaius, était toujours la mesure réelle de la valeur (1); elle était également utile pour

---

(1) Gaius, *Comment.*, I, 122. *Ideo autem æs et libra adhibebatur, quia
olim æreis tantum nummis utebantur........ Eorumque nummorum vis
et potestas non in numero erat, sed in pondere nummorum.*

ramener les monnaies diverses au poids de l'as romain.

La balance fut donc, dans cette période de l'histoire de la monnaie, non plus l'instrument inévitable du payement, mais l'accompagnement ordinaire de toute négociation réductible en numération métallique. Ce fut la transition à un ordre de choses nouveau, dans lequel devait s'accomplir la transformation de l'antique usage, et se perdre la signification primitive d'un acte matériel.

On s'était accoutumé à considérer l'intervention de la balance comme une solennité essentielle pour la *perfection* de tout payement. Lorsque la monnaie d'argent fut introduite (vers 485), l'emploi réel de la balance devint complétement inutile; mais il n'en subsista pas moins, parce que déjà réduit à n'être plus qu'une solennité extérieure, il avait gagné le respect du peuple formaliste des Romains, aux yeux desquels la balance était présumée corroborer un payement effectif. La balance devint ainsi tout à fait indépendante de la réalité du payement. D'instrument nécessaire qu'elle était jadis, la réforme monétaire en avait réduit l'emploi à une solennité accessoire, quoique toujours essentielle; et l'ancienne nécessité de fait s'était transformée en nécessité de droit.

La balance intervenait notamment dans trois actes juridiques qui, bien que d'une nature différente, avaient cependant une communauté de forme extérieure, et même une communauté de caractère interne, en ce que tous les trois fondaient un rapport de droit sur une prestation en argent, quelque différent que fût ce rapport par ses effets. Je veux parler du payement à titre de prix de vente, de la livraison de monnaie pour cause de prêt (*mutuum*), et du payement à l'effet d'éteindre une créance. Cette double analogie, externe et

interne, entre des contrats d'essence diverse, conduisit à donner une dénomination générale et commune aux actes dans
lesquels intervenait une prestation pécuniaire, c'est-à-dire où
l'emploi de la balance était l'origine symbolique d'un rapport de droit. Cette dénomination est le mot *nexum*, dans
sa signification la plus étendue (1).

Nexum venait de *nectere*, lier, obliger (2). Sans nous arrêter
aux étymologies tout à fait contraires au génie de la langue
latine, qui font venir *nexum* de *nec suum*, et *nectere* de *ne-*
gotium, nous pouvons affirmer que le sens de *nectere* était
celui de lier; mais il différait de *ligare* en ce qu'il impliquait
l'idée d'une dépendance absolue au profit d'un autre. Ce sens
est exprimé par la négation qui forme la racine du mot, et
qui dans *necto* indique la suppression complète de la liberté
d'action et de mouvement. Transporté dans la sphère du
droit, *nectere* est opposé à *solvere*, à *liberare* (3); et dans la
vieille langue latine il a une signification spoliative que ne
présentent point les mots *obligare, obligatio*, sous l'empire.
Cependant c'est par *obligare* que l'on traduit *nectere*, dans
cette dernière période, pour indiquer l'engagement contrac-
tuel du débiteur; le mot de *nectere* subsistant toujours dans
la langue pour désigner un assujettissement personnel d'un
degré plus énergique, tel que celui du colon au fonds de
terre, ou du pécheur à la servitude du péché, ou l'obligation

---

(1) *Nexum, Mamilius scribit, omne quod per libram et æs geritur.* Varron,
de Ling. lat., VII, § 105, p. 161. Muller.

(2) *Nectere ligare significat.* Festus, *hoc verbo*, p. 265. Muller.

(3) Voy. Tite-Live, VIII, 28. Cicéron, *de Republ.*, II, 34. Gaius, III,
174, et Huschke, *loc. cit.*, pag. 3.

des curiales, ou la sujétion du fils au père (1) : preuve manifeste que, même à cette époque, *nectere* désignait un lien absolu donnant droit à une prise de possession, ainsi que nous le verrons quand nous traiterons des effets du *nexum*.

Il intervenait un *nexum* dans la mutation des immeubles comme dans le changement conventionnel de l'état des personnes, car ce changement supposait toujours, dans le système du droit romain, une aliénation, un transport de propriété, à prix d'argent. Il y avait aussi *nexum* dans une simple obligation, parce que l'obligation affectait éventuellement la personne de l'obligé à l'exécution du contrat. On appelait *mancipatio, nexi datio,* une forme de mutation effectuée par une vente symbolique, laquelle mutation pouvait avoir pour cause soit une vente effective, soit une modification de condition personnelle, soit une disposition testamentaire (2).

On appelait *nexi obligatio* le contrat de prêt caché sous cette même forme pour créer une obligation rigoureuse, soit qu'il eût pour cause un véritable prêt, soit toute autre négociation. L'argent ainsi promis se nommait *nexum æs,* ou *nuncupata pecunia* (3), et ce contrat, aussi bien que la mancipation proprement dite, avait reçu de la loi des XII Tables cette énergique sanction : *Cum nexum faciet, mancipiumque, uti lingua nuncupassit, ita jus esto.*

On l'appliquait enfin à l'acte de payement d'une dette : *nexi*

---

(1) Voy. Brisson, *de Verb. signif.*, et le Lexique de Dirksen. Cf. Huschke, *loc. cit.*, pag. 3, not. 5.

(2) Voy. Sell, pag. 55, *de Jur. rom. nexo, mancipioque,* et de Savigny, *Schuldrecht.*

(3) Festus, v° *Nexum ;* Gaius, III, 174, etc.

liberatio (1). C'était un payement symbolique qui donnait l'efficacité civile soit à un payement effectif, soit à un payement simulé, par exemple à la remise de la dette. Tite-Live parle d'une libération faite en cette forme, comme d'un mode usuel dans les temps anciens : *Inde rem creditori palam populo solvit, libraque et ære liberatum emittit* (2).

Cette application générale du *nexum* est parfaitement indiquée par Festus, par Varron, par Cicéron. Festus dit : *Nexum est, ut ait Gallus Ælius* (3) *quodcumque per æs et libram geritur* (4), *idque necti dicitur. Quo in genere sunt hæc : testamenti factio, nexi datio, nexi liberatio* (5).

Il est important de remarquer combien, dans la définition du *nexum*, les jurisconsultes anciens, cités par Varron et par Festus, s'attachent au caractère extérieur. Pour eux, le *nexum* n'exprime qu'un fait, car il ne consiste proprement que dans l'observation d'une certaine forme, dans l'emploi

---

(1) Gaius nous en a conservé la formule : SOLVO LIBÉRO QUE HOC AERE, AENEA QUE LIBRA HANC TIBI LIBRAM PRIMAM POSTREMAM QUE. *Comment.*, III, 174.

(2) Tite-Live, *Hist.*, VI, 14.

(3) Le j. c. Ælius Gallus était contemporain de Scævola (7ᵉ siècle de Rome) ; la définition citée est tirée de son livre *de Verborum significatione*. Voy. une excellente monographie de M. Ern. Heimbach, intitulée *Ælii C. Galli de verb. quæ ad j. civile pertinent signif. fragmenta* (Leipsig, 1823, in-8°), pag. 49-59, et cf. avec Maians, *Ad XXX j.cᵗᵒʳ· fragm.*, t. II, pag. 37-56.

(4) Cicéron dit de même, *de Oratore*, III, 40 : *nexum, quod per æs et libram agitur.* V. *hoc loco* Orelli. Cf. *infra* le texte de Varron, pag. 416.

(5) La correction d'A. Augustin doit évidemment ici-être admise. Voy. le Festus de Muller, v° *Nexum*, pag. 165 et 164. Ce dernier éditeur imprime : *nexi dando, nexi liberando.*

5

du cuivre et de la balance. Mais il tirait, à vrai dire, sa vitalité juridique du caractère politique et religieux dont cette forme d'agir était revêtue, et plus tard de l'intention civile qui présidait à son accomplissement matériel.

Le caractère religieux de l'ancienne procédure romaine est connu de tout le monde. C'est de cet élément religieux que le formalisme empruntait sa rigueur et sa force. Je ne citerai que le *Sacramentum* (1). Les fondateurs de Rome avaient élevé des temples à la *fides* et au dieu Terme. Les conventions civiles et la propriété étaient placées sous la sauvegarde des dieux les plus vénérés (2). Chez aucun peuple, en effet, la foi de la parole ne fut plus respectée que chez les Romains. Le pesage public du *nexum æs* était un acte imprégné de religion. Indépendamment du culte de la *fides,* principe premier de l'autorité des contrats, il y avait encore l'intervention du pontife et du temple, dans ce pesage solennel. Varron nous fournit, sur cette matière, un document de la plus haute importance (3) ; *per trutinam solvi solitum,* dit-il, *vestigium etiam nunc manet in æde Saturni, quod ea etiam nunc propter pensuram trutinam habet positam.* Le pesage ne constituait donc pas tout l'acte ;

---

(1) *Ea pecunia quæ in judicium venit in litibus,* SACRAMENTUM *a sacro. Qui petebat et qui infitiabatur, de aliis rebus utrique quingenos æris ad pontem* (en un lieu sacré, près du pont *Sublicius.* Cf. Varron, V, § 83. A. Augustin corrigeait : *ad pontificem) deponebant, de aliis rebus item certo alio legitimo numero assum ; qui judicio vicerat, suum sacramentum a sacro auferebat, victi ad ærarium redibat.* Varron, *de Ling. lat.,* V, 180. Cf. Gaius, *Comment.,* IV, 14. Goesch. III^a, 1842.

(2) Plutarque, *Numa,* § 16, cf. Denys d'Halic., II, 74-75.

(3) Varron, *ibid.,* V, § 182 et 183. Muller.

il en était l'élément principal et comme l'expression authenti-
que ; mais l'acte avait de plus un caractère public et religieux,
et la *nuncupatio* déterminait son but final ; car plusieurs autres actes, dans lesquels intervenait le pesage, n'étaient pas des
nexa : par exemple, le payement de solde dont parle Varron ,
le payement fait en vertu d'un *bonæ fidei negotium*, etc.

M. Bachofen a donc été entraîné dans un système exagéré ,
en soutenant que le pesage constituait tout l'acte lui-même ;
et il faut en revenir à l'opinion de M. de Savigny, habile-
ment développée par M. de Scheurl , d'après laquelle le
gestum per æs et libram désigne un certain acte solennel dont
la partie principale était l'emploi de la balance et de l'airain
par un *libripens* pontife, en présence de cinq témoins,
citoyens romains. Ce qui met ce point hors de doute , c'est
que telle était la forme de certains actes, au sujet desquels
les témoignages d'une époque postérieure nous donnent une
certitude complète (1). Les cinq témoins représentaient probablement les cinq classes du peuple romain. Ce qui carac-
térise le *nexum* , ou le *per æs et libram gestum* , c'est donc,
outre le pesage de l'airain, que cet acte est élevé de la simple sphère du droit privé dans celle du droit public ; et
voilà pourquoi l'emploi de la langue nationale était exigé
pour la validité du *nexum*. Le caractère religieux et politique
du *nexum* explique sa rigueur. Celui qui acquérait par cet
acte avait la garantie de la religion et du peuple ; il obtenait
un droit égal à celui du souverain lui-même à l'égard du
contractant. Le contrevenant était *reus*, un coupable, et

----

(1) Cf. Gaius, *Comment.*, II, 102 ; — III, 173-174. — Horace, *Epist.*,
2, 2, *v*. 158; — et Ulpien, *Fragm.*, 20, 2.

le créancier avait envers lui tous les droits de la puissance publique.

Ainsi, suivant la double personnalité qu'avait chacun, celle de citoyen, ou celle d'homme, il y avait deux catégories d'actes, les uns publics, les autres purement privés. Les premiers exigeaient une intervention politique, soit celle du peuple, soit celle du magistrat (*in jure*). Le droit obtenu par ces actes était acquis *optimo jure* (1); il donnait la faculté de saisir avec la force civile, *manu injecta*, la personne obligée qui ne remplissait pas son obligation, et, si elle la niait, de la faire condamner au double, selon l'usage (2). Les actes purement privés, au contraire, non revêtus de cette forme publique, n'obtenaient que des effets privés, dépourvus de sanction pénale, à moins de disposition exceptionnelle de la loi, par exemple, dans le cas du *lis crescit infitiando in duplum* (3).

Deux choses donc fondaient primitivement l'obligation spéciale qui résultait du *nexum*, sa forme publique, et le pesage

---

(1) Cf. Gaius, *Comment.*, II, 197. — Ulpien, *Fragm.*, 24, II. — Cicéron, *in Rullum*, 3, 3. — *De Harusp. resp.*, 7, etc. — Brisson, *de Verb. signif.*, v° *Optimus*.

(2) Voy. Maur. Thiele, *Comm. ad Leg.* 31, *de evict. et duplæ stipul.* Lips. 1825, in-4°, et Küstner, *de Actione ex dupla*, etc. Lips. 1762, in-4°. Cf. *Fragm. vatic.*, § 50, et Gaius, *Comment.*, II, 22.

(3) V. Gaius, *Comment.*, IV, 9. — III, 216; — Fr. 2, § 1. Dig., IX, 2 (*ad Leg. aquiliam*); — Paul, *Sent. recept.*, I, 19, § 1, — II, 17, § 3, et *ibi* Schulting. cf. avec Noodt, *comm. ad Tit. Dig. de evict.*, tom. II. *Opp.*, p. 367-69; Brisson, *de Formulis*, liv. VI, c. 52, et Schrœder, *pr. de Stipulationibus quib. emtioni et venditioni apud romanos adjici solitis.* Marb., 1751, in-4°.

de l'argent (*œs et libra*). Si le pesage a continué d'être une forme essentielle, après l'introduction et le perfectionnement de l'art monétaire, il ne faut point l'attribuer à une inintelligente pratique, mais à la marche simple de la civilisation. Le peuple romain a conservé, comme un symbole de l'intervention de la puissance publique et de la garantie de l'État, la forme qui jadis avait une raison simple et naturelle , dans l'époque patriarcale.

Cette forme n'était donc pas contenue dans le seul appareil d'une prestation effectuée ; elle ne tirait pas de la prestation sa signification véritable. La prestation jointe au caractère public, voilà ce qui donnait à l'acte son essence juridique ; leur concours lui donnait l'existence, le rendait obligatoire pour les parties, le faisait reconnaître comme indissoluble par la justice. C'est là ce qui explique le choix du mot *nexum* pour désigner les actes civils dans lesquels intervenaient le cuivre et la balance. Car *nexum*, d'après la même image matérielle que l'on retrouve plus tard dans le mot *obligare*, signifiait tout acte confirmé par le consentement solennel des parties contractantes (1).

Le sens propre de la définition du *nexum* donnée par le jurisconsulte Gallus Ælius est donc la règle de droit suivante : sous le nom de *nexum*, les juges romains devaient sanctionner tout acte dans lequel aurait eu lieu, dans une forme consacrée, une prestation d'argent, réelle ou simulée, pour l'exécution de laquelle auraient été employés le cuivre et la balance.

---

(1) *Nectere ligare significat et est apud plurimos auctores frequens, quin etiam in commentario sacrorum usurpatur hoc modo : « pontifex minor in stramentis naturas nectito, » id est funiculos facito, quibus sues adnectantur. Festi Fragm.* ed. Muller, pag. 165.

Les actes qui recevaient de cette prestation leur validité
juridique pouvaient d'ailleurs être de nature différente, suivant l'intention qu'y apportaient les parties. Cette intention, par conséquent, devait être exprimée clairement; par
là seulement, le simple fait du payement effectué prenait son
caractère juridique, et l'acte sa signification manifeste. Par là
seulement, on savait si la prestation devait servir à une
transmission de propriété, à l'établissement ou à l'extinction
d'une créance; si, par conséquent, l'acte devait être une *nexi
datio*, une *nexi obligatio* ou une *nexi liberatio*. Les paroles
dont les parties accompagnaient la prestation, et par lesquelles
elles désignaient la nature de l'acte qu'elles avaient en vue,
se fixèrent peu à peu dans des formules permanentes ayant
l'avantage d'une signification notoire, bien comprise, et
affranchie de toute interprétation fausse ou ambiguë. Ces formules verbales n'avaient par elles-mêmes aucune valeur légale:
toute leur autorité dérivait de la prestation à laquelle elles
étaient jointes. Mais, de son côté, la prestation n'aurait eu aucun
sens juridique, sans cette déclaration solennelle des parties.

Si nous nous arrêtons à la définition de Gallus Ælius,
confirmée par celle de Cicéron qu'on a pu lire, et par
celle d'un autre plus ancien jurisconsulte dont l'opinion
va nous être rapportée par Varron, nous devrons considérer le *nexum* et la *nuncupatio* comme deux éléments
distincts d'un seul et même acte juridique, lequel puisait sa
force obligatoire dans le symbole solennel de la prestation
effectuée (l'*æs et libra* ou le *nexum*), et sa signification juri-
que dans la déclaration spéciale des parties (la *nuncupatio*).

La position respective de ces deux éléments de l'acte se
trouva modifiée profondément du moment que la balance

devint, d'instrument indispensable du payement, une simple formalité concomitante. Dès ce moment, la *nuncupatio* parut tirer son autorité, moins de la prestation elle-même que de la présence de la balance. C'est la corrélation de la *nun-cupatio* avec l'emploi de la balance, avec l'*æs et libra*, qui fut cause du maintien de cette formalité, après l'introduction de la monnaie d'argent.

A partir de cette époque, l'*æs et libra* n'eut plus qu'un caractère symbolique, et l'emploi de cet appareil, loin de faire présumer, comme auparavant, un payement réel, permit de supposer qu'une prestation réelle était tout à fait indifférente pour l'acte. Et voilà comment, au long aller, de l'ancien *nexum*, qui originairement comprenait le cercle entier des actes obligatoires, toute la sphère juridique reconnue par l'État, il ne resta, à certain jour, plus rien que l'emploi symbolique de l'airain et de la balance, dans des cas très-restreints. L'ancienne définition continua pourtant de demeurer vraie : seulement, l'on ne devait plus, même par la pensée, chercher sous cet appareil extérieur un payement effectif, à la différence du droit ancien, sous l'empire duquel, au fait matériel d'un payement effectué, se rattachait forcément la validité des actes. Déterminer la nature spéciale de l'application du *nexum* dans divers cas donnés, tel fut l'office de la *nuncupatio*. De là vint donc la première subdivision interne de cette sphère de droit. C'est de là aussi qu'il faut partir pour étudier les démembrements successifs du *nexum*.

En effet, lorsque le système du droit fut mieux développé, la définition ancienne rencontra des contradicteurs; elle en avait déjà au siècle d'Ælius Gallus Les jurisconsultes se partagèrent en deux camps; et tandis que les uns laissaient au *nexum* son ancien empire, les autres lui retirèrent toute une catégorie d'actes, désignée déjà par un nom particulier, *mancipium*, bien que l'emploi de l'*æs et libra* n'y manquât pas non plus. Voici quel fut le terrain de cette controverse : les uns comprenaient le *mancipium* comme une *espèce* du *genre* NEXUM, et laissaient par conséquent à ce dernier son ancienne intégrité; les autres, au contraire, en faisaient une classe à part, et enlevaient par suite au *nexum* la moitié de son ancien domaine. Le jurisconsulte Mamilius avait soutenu comme incontestable la première opinion; le grand pontife *Q. Mutius Scævola* partageait l'autre. *Nexum Mamilius* (1) *scribit*, dit Varron (2), *omne quod per æs et libram geritur*, IN QUO SINT MANCIPIA. *Mutius, quæ per æs et libram fiant* UT OBLIGENTUR, PRÆTERQUAM MANCIPIO DETUR (3). *Hoc verius esse, ipsum verbum ostendit de quo quærit; nam idem quod obligatur per libram neque suum fit, inde nexum dictum.*

Pour interpréter ce texte, il faut montrer, d'une part, le point de différence, et de l'autre, la base commune des deux opinions.

Varron, si nous nous en tenons à la leçon des manuscrits, a très-bien exprimé cette différence des deux opinions an-

---

(1) Il est probable que ce nom, altéré par les copistes, désigne le jurisconsulte M. Manilius, consul en l'année 605 de Rome. Le pontife Q. Scævola était consul en l'an 659.

(2) *De Ling. latin.*, VII, 101, ed. de Spengel, page 782.

(3) Telle est la leçon des manuscrits. *Niebuhr* et *O. Müller* ont changé *quam* en *quæ*, et, comme eux, d'autres ont changé *detur* en *dentur*. Bien que cette leçon paraisse concorder avec : *in quo sint mancipia*, il nous semble, ainsi qu'à M. Bachofen, que la leçon des manuscrits donne seule au texte son véritable sens.

ciennes. Les mots *ut obligentur* sont par eux-mêmes décisifs,
et tous les doutes sont levés par la phrase incidente : *præ-*
terquam mancipio detur. L'on voit bien par là que Mutius
n'admet le *nexum,* dans les cas de transport de propriété, de
mancipio dare, que quand à ce transport se joint l'intention
de fonder une obligation. D'après la correction proposée par
Niebuhr, il faudrait dire que Mutius excluait du *nexum*
toute espèce de *mancipium ;* tandis que Mamilius l'y comprenait toujours. Mais, suivant la leçon des manuscrits, le
mancipium n'est pas exclu, dans tous les cas, par Mutius : il
l'est, seulement, quand son but est une transmission de propriété ; il ne l'est pas, par conséquent, dans les cas où la
transmission de la propriété devient elle-même le fondement
d'une obligation, par l'intention qu'y joignent les parties. Il
n'est pas difficile, du reste, de trouver des cas de ce genre,
sans qu'il soit nécessaire de recourir à l'opinion de plusieurs
jurisconsultes, qui supposent que tout *nexum* contenait la
mancipation de la propre personne de l'un des contrac-
tants. Nous montrerons plus bas que, dans la *fiducia,* le transport de propriété, par *mancipium,* fondait une obligation
analogue à celle résultant du prêt. D'un autre côté, il est
fort probable qu'à l'époque où le *nexum* embrassait la
sphère du droit tout entière, tous les contrats *réels* étaient
parfaits, non pas, comme cela eut lieu postérieurement, par
la simple tradition de la chose, mais par la transmission de
propriété, par le *mancipium.* L'intention *obligatoire* est donc,
pour Mutius, un point tellement décisif, que le *nexum* doit
être admis, non-seulement dans le cas où la prestation *per*
æs et libram crée, par elle-même, une obligation (le prêt), mais
encore dans celui où l'*æs et libra* fonde proprement un trans-

6

port de propriété, et indirectement, par ce transport, une
obligation. Ce que Varron ajoute à cette opinion de Mutius
ne peut avoir qu'une autorité très-faible. Notamment, l'on
ne peut pas prendre ces mots *neque suum fit* (1) dans un
sens tellement rigoureux, qu'ils excluraient toute transmission de propriété faite dans le but d'un *nexum* obligatoire.
Il est, en effet, évident que ces mots et la particule *nec*
n'ont là qu'une signification puérilement étymologique, telle
qu'on en rencontre souvent dans Varron. D'ailleurs, un
homme étranger au droit, comme le grammairien latin,
devait arriver aisément à méconnaître le *suum,* la propriété,
dans le cas dont il s'agit.

Il ne faut pas négliger de remarquer combien Mutius fait
ressortir l'*intention* des parties de fonder un rapport obligatoire : *quæ per æs et libram* FIANT UT OBLIGENTUR (et non pas
simplement, comme Varron le dit un peu plus bas, en résumé :
quod obligatur per libram). Par là, Mutius exclut du *nexum*
tous les cas où un *mancipium* ne donnait naissance à des
prétentions obligatoires qu'accidentellement et accessoire-
ment, plutôt qu'en conséquence d'une intention précise.
Telle est notamment l'obligation, comprise tacitement dans
la mancipation, de donner une indemnité du double, en cas
d'éviction (2); car, bien que, dans ce cas, le droit de propriété

___

(1) Sell (p. 22) défend longuement sa correction de *neque suum fit* en
NEC QUOD *suum fit.* Il traduit en conséquence (p. 25) : « Il est appelé
nexum précisément parce que, par la balance, est fondée une obligation,
et *non parce que* naît un *suum* (c'est-à-dire la propriété). » Cette correction
dénature le sens de Varron, tout autant que celle de Niebuhr, quant aux
paroles de Mutius.

(2) Cf. le cas indiqué dans Cicéron, *de Orat.,* I, 39.

se résolve en un droit d'obligation (1) qui prend racine, à la rigueur, dans l'emploi de l'*æs et libra*, cependant l'intention véritable des parties était de transmettre la propriété et non de fonder une obligation.

Ainsi donc, il faut admettre une double signification du mot *nexum* : l'une plus large, l'autre plus étroite, et comprendre dans la première *tout acte solennel conclu par l'argent pesé.* Le *nexum,* dans le second sens, a une portée plus restreinte.

L'objet de la controverse que rapporte Varron se réduit au *mancipium.* Selon Mamilius, le *mancipium* est compris dans le *nexum ;* selon Mutius, il ne l'est que quand s'y joint une intention obligatoire. Mais il n'en résulte aucunement qu'une simple intention obligatoire sans mancipation (par ex. le *mutuum*) soit exclue du *nexum.* Tout ce que dit Mutius, c'est que la mancipation à elle seule ne suffit pas pour constituer un *nexum.*

L'explication du texte de Varron nous a démontré qu'à l'ancienne définition du *nexum,* une école, représentée par Mutius, avait ajouté une condition nouvelle, celle de l'*intention obligatoire ;* qu'en conséquence de cette modification, le *nexum* cessa d'être une forme générale pour devenir un rapport de droit déterminé, et que, par suite, l'ancien domaine du *nexum,* limité seulement à l'extérieur, se divisa en deux parties, l'une afférente à la propriété (*mancipium*), et l'autre afférente à l'obligation (*nexum* dans le sens restreint). Remarquons, en passant, que le nom même de *mancipium* (de *manu capere*) montre qu'il fallait une appropriation, élevée

---

(1) Voy. Cicéron, *Topic.*, c. 10.

du cercle du droit privé à celui du droit public (1). Car *manus,* dans le droit romain, signifiait le pouvoir du droit civil, la vitalité civile elle-même, appuyée sur la *civitas*, et dont la main n'était que l'organe actif. Telle est encore la signification que donne à *manus* la tradition du moyen âge, fidèle en ce point qui frappait vivement l'imagination : le nom de mainmorte n'a pas d'autre origine (2).

Il s'agit maintenant, avant tout, de déterminer la position réciproque de ces deux idées fondamentales du droit romain, le *nexum* et le *mancipium;* recherche que les opinions si divergentes et souvent si subtiles des jurisconsultes modernes ont seules embarrassée.

L'opinion qui paraît avoir réuni le plus de suffrages est celle qui considère le *nexum* comme le genre, le *mancipium* (ou *mancipatio*) comme l'espèce ; ce sont les propres expressions de M. de Scheurl. M. de Savigny semble embrasser la même opinion, puisqu'il met sur le même rang la *nexi datio* (synonyme de *mancipatio*), la *nexi obligatio* (dation en *mutuum*) et la *nexi liberatio,* étendant ainsi le *nexum* à ces trois classes d'actes. M. Schilling l'adopte, et la défend de la manière la plus décidée. Mais cette manière de voir n'est exacte qu'autant qu'on prend le *nexum* dans son ancienne signification politique et *formelle.* C'est pour cela que Gallus Ælius ajoute, dans Festus, à la définition relatée ci-dessus : *Quo in* GENERE *sunt*

---

(1) Il est curieux, aussi, de voir le mot *mancipium* employé par Varron dans un sens analogue à celui de diplôme : *ex eo, veteribus mancipiis scriptum*, etc., *de L. L.* V, § 163, Muller.

(2) Voy., à ce sujet, les *Decisiones* de Jean Begat, J. c^te bourguignon, mort en 1572 (pag. 605 de la 1re édit. de la *Cout. de Bourgogne* du P^dt Bouhier, 1717, in-4°.)

hæc : testamenti factio, nexi datio, nexi liberatio (1). Laissant de côté les rapports particuliers de ces trois subdivisions, il nous semble évident que Gallus Ælius indique le *nexum* comme le genre, et la *nexi datio* (synonyme (2) de *mancipatio*) comme l'espèce. Mais, après la nouvelle définition de Scævola, ce rapport de subordination se change en un rapport de coordination. *Mancipium* désigne alors la transmission

---

(1) Ou bien, selon la leçon d'Otf. Müller : *Nexi dando, nexi liberando.*

(2) La synonymie exacte de *nexi datio* et de *mancipatio* a été contestée par M. Huschke, et ses raisons de douter peuvent paraître fort plausibles. Cicéron, dit-il, appelle la mancipation : *traditio alteri nexu* (Top. 5). Mais si le génitif *nexi datio* présente, à la rigueur, le même sens que l'ablatif *nexu datio*, ainsi que dans les mots anciens *usu-capio, manu-missio;* et, s'il reproduit, grammaticalement, l'équivalent de *nexi nomine datio*, il ne semble pas qu'il ait ce sens, dans Festus, puisqu'il en résulterait que l'on aurait, dans le passage en question, au lieu du mot *mancipatio*, une dénomination inusitée, et que le cas principal de *nexum*, le prêt, se trouverait complétement omis. Il faut donc suivre plutôt la construction ordinaire du langage (p. e. *mutui, pignoris datio*), et prendre *nexi* pour le génitif de l'objet donné ; ce qui est d'autant plus admissible que *nexum*, comme *mutuum, furtum, votum*, n'était sans doute, originairement, qu'un adjectif (on lit, dans Festus : *nexum æs*), et il conserve, probablement, ici, un rapport dominant avec l'objet NEXÉ. *Nexi datio* serait, d'après ces données, une livraison d'argent *obligé* publiquement; *nexi liberatio*, l'affranchissement de cette obligation. Ainsi, *nexi datio* désigne à la fois le prêt et la livraison d'argent, dans la mancipation, en tant que livraison d'argent obligé. — Ces conjectures de M. Huschke sont ingénieuses, mais peut-être subtiles. Il n'est pas nécessaire de supposer que Festus ait voulu indiquer toutes les applications du *nexum;* et la nature du *dare* est assez connue, dans le droit romain, pour justifier Festus d'une dénomination qui n'était point inusitée. Au fond, l'énumération d'Ælius Gallus concorde avec celle du jurisconsulte allemand.

de propriété effectuée *per æs et libram* ; et *nexum* la seule *obligatio* créée *per æs et libram*.

Mais, dans aucun cas, la *nexi obligatio* ne pouvait être confondue avec la simple *verbis obligatio*, laquelle n'était point *re contracta* (1), tandis que dans la *nexi obligatio* le pesage et la livraison de l'*æs* étaient nécessaires pour former le contrat. La *nexi obligatio* ne peut donc pas être confondue avec la stipulation, bien qu'elle présente quelques analogies de forme ; elle diffère, en effet, de la stipulation, en deux points capitaux, car elle exige non seulement la solennité des paroles, mais encore la solennité d'un acte (*gestum*); elle exige encore essentiellement une livraison ; caractère qui n'est qu'accidentel, dans la stipulation (2). Et de là vient que Cicéron distingue le *nexum* des autres formes civiles d'obligation (3).

C'est dans le sens d'une profonde différence entre les choses qu'elles désignent que les deux expressions sont accolées, dans les XII Tables : *Cum* NEXUM *faciet mancipiumque* (4),

---

(1) Voy. fr. 126, § 2. Dig. *de verb. oblig.* (XLV, 1); et fr. 6, § 1, fr. 7. *Ibid. de Novat.* (XLII, 2).

(2) Lorsque, p. e., la *causa obligandi*, que suppose la stipulation, est un prêt. C'est à quoi fait allusion le jurisconsulte Modestin, quand il dit : *Re et verbis pariter obligamur cum et res interrogationi intercedit.* fr. 52, § 3. Dig. *de oblig. et act.* (XLIV, 7).

(3) *Quæ sunt. . . . facta nexu aut aliquo jure civili.* Paradox. 5, 1, § 35.

(4) On s'est demandé si l'expression *nuncupassit*, dans le texte de la loi, se rapportait bien aux formules déclaratives de l'intention de l'acte, et l'on a cru pouvoir en douter, en considérant que le mot *nuncupare* n'est pas employé par Gaius, à propos de la formule prononcée par l'*emptor familiæ*, dans le *testamentum per æs et libram*, mais à propos de la confirmation du testament lui-même et de la *familiæ venditio* (voyez Gaius, *comment.* II, § 104).

uti lingua nuncupassit, ita jus esto (1). M. de Scheurl pen-
sait qu'ici encore *nexum* était le mot générique et comprenait déjà le *mancipium,* qui n'aurait été ajouté que par re-
dondance; il suppose même que ce sont ces paroles des
XII Tables qui ont motivé la définition de Scævola, en admet-
tant que ce dernier se soit déterminé par une autre raison que la détestable étymologie de Varron. Mais quand
on s'est bien pénétré de la signification des anciens textes
juridiques, il est impossible de méconnaître l'opposition
dans laquelle sont toujours placés *nexum* et *mancipium ;*
c'est le sentiment de cette opposition qui a conduit Varron
à la subtilité grammaticale dont nous avons parlé. Il y a,
dans ses paroles, une vérité juridique, à côté d'une niai-
serie étymologique. Le *mancipium* en soi n'était pas un
nexum, mais il ne pouvait exister sans *nexum.* En soi, il
est certain que *nexum* et *mancipium* étaient dans le rapport
juridique d'obligation à propriété, de *vindicatio* à *condictio.*
Ils désignaient les deux grands domaines du commerce des
choses. Les deux éléments des conventions humaines se trou-

Cette considération perd son importance, si l'on veut bien lire, sans pré-
jugé, le texte de Gaius. Ce qui a paru avoir de la gravité, c'est l'emploi de
la *nuncupatio,* soit dans Gaius (*ibid.,* § 115, 121), soit dans Ulpien (*frag.*
XX, 9), soit dans Cicéron (*de Offic.* III, 16), pour désigner les clauses
accessoires de l'acte. Mais si l'on y réfléchit bien, c'est toujours là une déclaration d'intention, et la circonstance qu'elle s'applique à une clause accessoire est indifférente pour la signification du mot, lequel, expliqué dans
un sens naturel et dans le texte des XII Tables, indique évidemment la
déclaration de volonté du contractant, c'est-à-dire l'expression solennelle
de son intention. L'opinion contraire de M. Huschke ne saurait donc nous
entraîner. *Loc. cit.,* pages 23, 24.

(1) *Festus,* s. v. *Nuncupata.* Cf. Cic., *de Oratore,* I, 57. Dirksen, *loc. cit.*

vent indiquées dans la loi des XII Tables, moins comme le
genre et l'espèce que dans un sens antithétique.

En effet, si l'histoire de la balance et du *nexum* nous a
suffisamment éclairés sur la signification obligatoire de ce
mot, l'étymologie de *mancipium* n'est pas moins instructive.
Manus, je l'ai déjà dit, c'est la puissance civile ; *capere* signifie se rendre propre une chose, et suppose la soumission
passive et complète de l'objet appréhendé. Cette soumission
est marquée, dans les textes du droit romain, par le *meum
esse*. L'*obligatio*, au contraire, ne porte que sur l'acte d'une
personne libre : *dare, facere, oportere*. Elle exclut la soumission absolue ; elle exclut le *capere*, appliqué à toute l'étendue de la personnalité libre, et par conséquent aux *operæ* de
l'obligé, en général. La *coemptio* ne fait pas exception; car,
bien qu'elle se fasse sous forme de mancipation, elle n'est
pas pour cela une mancipation de la personne; le nom
même l'indique. Le mari acquiert (*emit*) la femme, pour
un prix fictif, non d'elle-même, mais de ses tuteurs ; et de
son côté, il ne la *manu capit* pas, comme une chose, mais
il l'unit à lui, intimement et personnellement, pour fonder
avec elle une vie commune désormais indivisible : *indivi-
duam vitæ consuetudinem continens*

Cette division du droit civil, en droit des choses et droit
des obligations, et la division correspondante de l'ancien
nexum en *nexum* obligatoire et en simple *mancipium,* ne pouvaient pas être étrangères à un état du droit aussi développé
que l'était, en général, le droit romain, du temps des décemvirs. En même temps, dut se former la terminologie plus exacte
que Scævola trouva déjà existante et qu'il expliqua. Dans des
sources particulières, il est vrai, nous trouvons un rappro-

chement analogue des mots *nexum* et *mancipium*, et la même explication ne s'y applique plus. Dans ces textes, peut-être, les deux expressions se rapportent au même rapport juridique, mais le désignent sous des faces différentes : *mancipium* indiquant le transport de propriété, et *nexum,* l'acquisition de biens, résultat subsidiaire de l'exécution du débiteur par le créancier; ainsi, par exemple, dans ce passage de Cicéron (1) : *Multæ sunt domus in hac urbe...* JURE MANCIPI, JURE NEXI. En un autre endroit, Cicéron indique l'obligation contractée par la mancipation des *res mancipi;* il la nie, en cas de mancipation d'une *res nec mancipi : Finge,* dit-il, *mancipio aliquem dedisse id,* QUOD MANCIPIO DARI NON POTEST. *Num idcirco id ejus factum est, qui accepit? aut num is qui* MANCIPIO DEDIT, *ob eam rem se ulla re* OBLIGAVIT (2)?

---

(1) *De Haruspic. respons., cap.* 7 : *Multæ sunt domus in hac urbe, patres conscripti, atque haud scio, an pæne cunctæ, jure optimo* (voy. sup., p. 412) : *sed tamen jure privato, jure hereditario, jure auctoritatis, jure mancipi, jure nexi : nego esse ullam domum aliam privato eodem, quo quæ optima lege, publico vero omni præcipuo, et humano, et divino jure munitum.* Je n'examine point la question relative à l'authenticité de ce discours de Cicéron.

(2) *Topic.,* c. 10, sur quoi Boëce fait la remarque suivante : *Si quis juris peritus adjiciat id, quod non jure contractum est, nullius esse momenti, adhibeat que exemplum tale, veluti, si quis rem non mancipi mancipaverit, num idcirco aut rem alienavit aut se reo facto potuit obligasse? minime. Quod enim non jure contractum est nihil retinet firmitatis. Ad Ciceron. Top.,* pag. 341, éd. d'Orelli. — La doctrine de Cicéron et celle de Boëce confirment d'une manière certaine la doctrine que j'ai exposée sur la distinction des *res mancipi* et *nec mancipi* dans mes *Recherches sur le droit de propriété,* tom. 1, pag. 221 et suiv.

7

Suivant d'autres jurisconsultes modernes, *mancipium* indique spécialement *quod fit per æs et libram*, et *nexum* est un terme générique qui désigne tous les actes revêtus de cette forme antique d'une vente fictive. D'après M. Walter, les mots *nexum* et *mancipium* sont au fond les désignations d'un même acte, d'une vente : seulement, au premier cas, la vente est fictive, et, au second cas, réelle. — M. Puchta (1) conclut, des documents relatifs à la forme, que dans le *nexum* un objet devait être mancipé, et il en trouve la confirmation dans la remarque, qu'il n'est question d'aucun acte *per æs et libram* où ne se présente la mancipation (sauf la *solutio per æs et libram*); par conséquent, dit-il, le *nexum* et le *mancipium* se confondent : non-seulement tout *nexum* comprend un *mancipium*, mais encore (du moins M. Puchta paraît l'admettre) tout *mancipium* est un *nexum;* car celui qui reçoit la prestation s'oblige aussi, soit tacitement (pour le cas d'éviction), soit expressément (*lege mancipii*). — M. Sell, tout en se prononçant contre toutes ces opinions, s'en est pourtant beaucoup rapproché en définitive. Il résume tout son travail dans cette proposition : Pas de *nexum* sans *mancipium*, pas de *mancipium* sans *nexum*. Néanmoins il ne prétend point affirmer par là une synonymie parfaite des deux expressions : *mancipium* et *nexum* désigneraient dans le même acte, l'un le côté correspondant à la propriété, l'autre le côté correspondant à l'obligation. Les deux mots réunis feraient ressortir le double caractère de l'acte.

Le fondement de cette opinion, sinon entièrement nouvelle, du moins motivée ici pour la première fois, c'est une expli-

(1) *Cursus der Institutionen*, tome 2, page 209 et suiv.

cation particulière du texte de Varron. Cette explication tend
à faire considérer comme purement apparente la différence
des opinions de Mamilius, de Gallus Ælius et de M. Scævola.
C'est pour cela que M. Sell modifie l'opinion de Scævola et
de Varron, en changeant arbitrairement le *neque suum fit*
du texte original de Varron en *nec quod suum fit;* enfin,
dans l'opinion de Gallus Ælius, il accentue les mots *idque*
NECTI *dicitur* (1); et comme *nexum* et *necti*, dans les textes
de Varron et de Festus, sont pris par M. Sell dans le
même sens que le mot postérieur d'*obligatio*, c'est-à-dire
comme désignant toujours un rapport personnel, il n'en fallait
pas davantage pour opérer la conciliation. Le *nexum* de Mamilius, ce fut toujours un *mancipium;* le *mancipium*, uni à
l'intention obligatoire de Scævola, fut le seul cas auquel le
grand pontife attacha le caractère du *nexum;* mais Varron
a, dit-il, reconnu l'identité des deux opinions, et posé en
conséquence l'essence du *nexum* dans le droit d'obligation
fondé sur le *mancipium*. Gallus Ælius enfin exige, dans
l'application de l'*æs et libra*, la mancipation; dans le NECTI,
l'élément obligatoire.

Nous avons montré, ce nous semble, avec succès, l'erreur de cette confusion. Il ne nous reste plus, après l'explication que nous avons donnée du texte de Varron,
qu'à dire un mot du passage connu de Boëce (2), que M. Sell

---

(1) Voy. *Festus*, v° *Nexum*, et M. Bachofen, qui est évidemment ici sur la
voie de la vérité.

(2) *Mancipi res veteres appellabant, quæ ita abalienabantur ut ea abalienatio per quamdam nexus fieret solemnitatem. Nexus vero est quædam juris
solemnitas, quæ fiebat eo modo, quo, in Institutionibus, Gaius exponit. Ejus-*

interprète d'après le même système. Boëce définit les *res
mancipi* en disant que c'étaient des choses dont l'aliénation
(*abalienatio*) se faisait *per quamdam nexi solemnitatem*. Pour
expliquer le sens de *nexus*, il cite les mots de Gajus : *Est
autem* MANCIPATIO ... *imaginaria quædam venditio*. M. Sell en
conclut que dans tout *nexum* est contenue une mancipation.
Quant à nous, nous en concluons seulement que la mancipation *aussi* contenait une *nexus solemnitas*, ce qui concorde
parfaitement avec la signification originaire et *formelle* du
nexum, comme l'établissent Mamilius et Gallus Ælius; car
ces derniers comprennent dans le *nexum* toute application
de l'*æs et libra*, fût-ce aux fins de transport de propriété.
On peut croire même qu'à l'époque de Gajus la *seule* application du *nexum* fût celle qui avait pour objet la transmission
de propriété; car, longtemps avant lui, le *nexum* avait cessé
d'être employé pour fonder un *mutuum*, et il n'était plus
usité que comme vente symbolique, comme *imaginaria venditio*.

§ III.

DE L'OBJET DU *NEXUM*.

Les opinions de MM. Puchta et Sell, très-divergentes du
reste, se ressemblent en ce qu'elles admettent toutes un *mancipium* servant de base au *nexum*. Mais le doute surgit dès

---

dem autem Gaii*, lib. 1° *Institutionum, de nexu faciendo hæc verba sunt :
est autem mancipatio, ut supra quoque indicavimus, imaginaria quædam
venditio... Res igitur quæ mancipi sunt, aut nexu, ut dictum est, abalienabantur, aut in jure cessione*, etc. Boëce, *ad Ciceron. Topic.*, cap. 5 (édit.
Orell., p. 322).

qu'il s'agit du *mutuum*. Les Romains, nous le savons, avaient placé dans ce contrat l'application la plus rigoureuse de la *fides*. Le jurisconsulte Sextus Cœcilius, qui vécut sous Adrien (1), nous fournit à ce sujet un renseignement important. Après avoir parlé de la foi due aux *clientes*, par leurs patrons, dans l'ancienne Rome, Cœcilius poursuit en ces termes : *Hanc autem fidem majores nostri, non modo in officiorum vicibus, sed in negotiorum quoque contractibus sanxerunt ; maximeque in pecuniæ mutuaticæ usu, atque commercio. Adimi enim putaverunt subsidium hoc inopiæ temporariæ, quo communis omnium vita indiget, si perfidia debitorum sine gravi pœna eluderet.*

Quel était donc, dans le *nexum* employé pour garantir le contrat de *mutuum*, la chose mancipée? Selon nous, la mancipation n'aurait pu avoir ici pour objet que l'argent prêté ou la personne du débiteur. M. Puchta rejette l'argent pour deux raisons : d'abord, parce que l'argent n'était pas *res mancipi*, ensuite et surtout parce que l'argent ne pouvait être à la fois l'objet et le prix de la mancipation. Ceci l'amène à admettre la vente de la personne, et à penser que le débiteur se mancipait lui-même au créancier pour l'argent qu'il recevait : opinion qui est déjà fort ancienne dans la littérature du droit romain, et que M. de Savigny avait déjà réfutée depuis longtemps. M. Puchta voit une confirmation de cette vente du débiteur dans ces

---

(1) De longues controverses ont été engagées au sujet de ce jurisconsulte; voy. les notes de Schulting et Smallenburg, sur la loi 3, § 9. Dig., liv. 33. Tit. 10, *de Penu legata*; et surtout Ménage, *Amœnitates juris civ.*, *cap.* XXIII (pag. 122-123, édit. de 1677).

mots de Varron : *Liber, qui suas operas. . . dat. . . nexus
vocatur.* Nous reviendrons sur ce texte ; mais où voit-on
l'homme libre compté parmi les *res mancipi?* M. Sell, qui,
par les mêmes principes, est conduit à la même conclusion
que M. Puchta, répond à cette objection de la manière suivante :
« Ce n'est pas la personne, dit-il, qui est vendue, ce sont les
operæ ; et non toutes les *operæ*, mais les *operæ futuræ, inde
a die solutionis haud servato, usque ad veram solutionem
præstandæ.* » Ce *dies*, du reste, n'était pas stipulé expressément, mais il était admis tacitement. Par cette dernière observation, M. Sell cherche à écarter une nouvelle objection
qui paraissait devoir renverser toute sa théorie. L'on sait,
en effet, que Papinien (1) rejetait, en vertu d'une règle de
droit bien connue, la *mancipatio* à terme ou conditionnelle.
Actus legitimi qui non recipiunt diem, veluti MANCIPATIO. . . .
*in totum vitiantur per temporis vel conditionis adjectio-
nem ;* mais le jurisconsulte romain admet une exception à
cette règle générale. Il ajoute : *Nonnunquam tamen actus
suprascripti* TACITE *recipiunt quæ aperte comprehensa vitium
adferant.* C'est à l'abri de cette exception que M. Sell place
également la mancipation conditionnelle des *operæ.* De cette
manière, il fait glisser sa théorie entre les nombreux écueils
qui semblent à tout moment près de la faire échouer.

Si les textes nombreux invoqués par M. Sell démontrent
complétement (ce qui d'ailleurs en soi est assez vraisemblable)

----

(1) Voy. le fr. 77, *Dig. de reg. juris.* Je dois dire que la leçon : *Veluti
mancipatio* n'est pas celle de la Vulgate, ni celle d'Haloandre ; mais c'est
la leçon des Florentines, et l'on peut la croire excellente. L'édit. d'Haloandre et la Vulgate portent : *Veluti emancipatio.*

qu'à une époque reculée de l'histoire de Rome on n'avait pas
encore établi, entre la vente et le louage, une ligne de
démarcation bien tranchée, et si, par conséquent, le
louage put bien être compris dans la notion générique de
la vente, l'idée de chercher, dans le prêt, le prix de vente
de la personne, ou, du moins, des *operæ* du débiteur, a
semblé beaucoup trop subtile pour pouvoir être attribuée à
un système de droit aussi simple et naturel, dans ses rapports
fondamentaux, que l'était le droit primitif des Romains. Mais
ce qui établit surtout le peu de solidité de cette opinion,
c'est la circonstance que, dans cette hypothèse, le *mutuum*
ne serait pas possible sans une aliénation spéciale des *operæ;*
tandis que les *operæ* ne nous apparaissent jamais comme nécessairement unies au *mutuum*, mais seulement comme
une chose accidentelle et résultant d'une convention expresse. Là où cette convention n'existe pas, c'est-à-dire
en cas de *mutuum* pur et simple, il faudrait donc admettre
qu'il n'y avait pas de *nexum;* et cependant c'est un point
incontestable que le *mutuum* renferme, sinon (comme on l'a
cru longtemps) la seule, du moins la principale application
du *nexum*, non-seulement de l'ancien *nexum*, mais encore
du *nexum* plus restreint de Scævola. Enfin, dans cette vente
servant de base au *mutuum* couvert de la forme du *nexum*,
la même somme d'argent serait toujours l'objet et le prix;
car les *operæ* ne sont jamais qu'une indemnité, pour le non-
remboursement du prêt, à l'échéance.

L'idée de la vente, soit du débiteur, soit de ses *operæ illi-
berales*, est donc aussi peu fondée qu'impuissante à s'appliquer à toutes les sortes de *nexum :* à aucune époque la vente
ne fut la base du *mutuum*. Les deux actes, la vente et le prêt,

étaient conclus *per æs et libram*, et, dans tous les deux, la prestation d'argent était considérée comme la véritable *causa civilis*. Les deux actes, par conséquent, étaient compris dans cet ancien *nexum* général et *formel* dont nous avons examiné l'origine et la nature. Mais, du moment que le *nexum* fut divisé en deux branches, l'une se rapportant à la propriété, l'autre à l'obligation, le *nexum*, dans le sens restreint, développa son existence propre, à la condition que l'emploi de l'*æs et libra* se joignît à l'expression de l'intention obligatoire. Il ne fallait en aucune façon un transport de propriété par mancipation pour constituer un simple prêt.

Il convient maintenant d'examiner le texte de Varron, sur lequel s'appuie l'opinion contraire. Voici les paroles du grammairien latin : *Liber qui suas operas in servitutem, pro pecunia quam debet, dat, dum solveret, nexus vocatur, ut ab ære obæratus* (1). Il faut d'abord remarquer que ces paroles se trouvent placées immédiatement après le texte que nous avons rapporté, pag. 416. Elles continuent l'exposition fournie par Varron des opinions diverses relatives à la na-

---

(1) *De ling. lat.*, VII, § 105 ; Muller. Les manuscrits n'ont pas *dat ;* la plupart ont *quam debebat*. Il faut nécessairement une correction, autrement la phrase n'aurait pas de verbe. O. Müller propose de lire *quadam* au lieu de *quam ;* mais le sens qui en résulterait serait contraire à la véritable nature du *nexum* dont il s'agit. Ce qui a paru le plus simple, c'est de diviser *debebat*, en *debet, dat ;* c'est la correction adoptée par M. Scheurl et par M. Bachofen. Je ne saurais approuver celle de M. Spengel, qui lit : *debebat, dat*. Le savant et judicieux A. Augustin, qui le premier a reçu *dat*, dans le texte, conserve *debeat*. M. Schilling lit *dederat* pour *dat*. M. de Savigny suit la leçon de Spengel; M. Heusde, celle de Müller;

ture du *nexum*. On a paru croire qu'elles résument la pensée propre de Varron sur la question agitée ; mais, en y réfléchissant sérieusement, il est difficile d'admettre cette hypothèse.

En effet, si l'on examine avec attention le sens grammatical des mots, et leur rapport avec ce qui précède, on restera convaincu que loin de résumer la discussion par une proposition générale, conséquence naturelle des propositions antécédentes, Varron n'a fait ici que définir et rapporter une troisième espèce ou application du *nexum* qui se rattache d'une manière spéciale aux deux grandes catégories fixées par Scævola. Il n'a pas voulu compléter par un exemple la démonstration de son explication ; il a seulement annexé à son explication, et sans y attacher l'importance d'une conclusion, l'indication d'un cas particulier qui imprime une nouvelle face à la question.

Pour avoir, à ce sujet, une conviction complète, il suffit de se souvenir du rôle important que la *nuncupatio* dut prendre dans un âge récent de l'histoire du *nexum,* c'est-à-dire lorsque l'emploi de la balance ne fut plus qu'une forme concomitante des contrats. Des formules solennelles furent consacrées par

---

M. Sell, l'opinion de M. Scheurl. — Selon M. Huschke, ni *quadam,* ni *quam* ne cadrent avec le sens. Probablement, dit-il, le manuscrit originaire portait *qua d.,* c'est-à-dire, d'après les collecteurs de notes ou sigles (Magnon, Papias, etc.), *qua damnatus* ou *damnas.* Le *damnas* indiquerait ici le moment où la poursuite par corps est permise. On trouve *voti damnatus* dans Tite-Live, VII, 28, et *damnas,* dans Charisius, pag. 101. Putsch. Cf. Donat sur Tite-Live, *loc. cit.,* édit. de Drakenb., et Brisson, *de Formulis,* II, 168. La conjecture de M. Huschke est plus qu'ingénieuse : elle est divinatoire.

l'usage, pour exprimer l'intention qui donnait à l'*æs et libra*
sa signification juridique ou sa *causa civilis*, et, par suite,
le caractère d'un contrat. C'est ainsi que l'obligation d'une
réparation du double, en cas d'éviction, passa des *leges mancipii*, où la pratique usuelle l'avait admise, dans la jurisprudence prétorienne, où elle devint permanente et constitutive;
de condition accidentelle, elle devint habituelle.

Ces formules avaient pour objet non-seulement les clauses
essentielles des contrats, mais encore les clauses accessoires.
La transmission de la propriété exigeait le règlement d'une
foule de points de détail, qui étaient réunis sous la dénomination générale de *leges mancipii*. Des dispositions accessoires
de même genre s'adjoignaient au *nexum* obligatoire; elles se
rapportaient au terme du remboursement, au taux des intérêts, aux garanties données par le débiteur. Toutes ces sti-
pulations subordonnées faisaient partie de la *nuncupatio*.
Elles n'avaient, par conséquent, comme elle, aucune valeur propre et indépendante; elles ne tiraient leur force
que du fait principal consommé dans le *nexum*, lequel fait
était leur véritable *causa civilis*. Tel est le sens de ce
texte si important de la loi des XII Tables que nous avons
cité plus haut : *cum nexum faciet*, etc. (1); et l'on est forcé
de reconnaître qu'un texte de Paul, rapporté dans les *Fragmenta vaticana* (2), se rapporte, non à la confirmation de la
mancipation et de l'*in jure cessio* en soi, par la loi des

(1) Voy. *supra*, p. 422 et suiv.
(2) *Fragm., vatic.*, § 50, p. 45 et suiv. Édit. de Buchholtz.— C'est aussi
le sentiment de M. Dirksen, *Zwölftaf. fr.*, p. 228-229; de M. Bachofen
et de M. Puchta.

XII Tables, ce qui eût été une vérité trop triviale, mais à la sanction des clauses annexées à ces actes. L'analogie des *pacta adjecta*, dans le système postérieur des contrats, établit d'ailleurs manifestement que les *leges nexi* et *mancipii* avaient leurs limites précises, et, quoique nous ne puissions plus les fixer, il n'est pas moins impossible de nier leur existence (1).

Pour nous rapprocher de notre sujet, nous nous bornerons aux conventions accessoires du *mutuum*, c'est-à-dire à la *nuncupatio* accompagnant la *nexi obligatio*. Son premier objet, et le plus important, dut être la stipulation des intérêts. La *nuncupatio* embrassait-elle à la fois, en une seule somme, le capital et l'*usura*, ou portait-elle sur l'une et sur l'autre comme sur deux obligations distinctes? Je penche pour cette dernière opinion, et je crois que la formule portait: *C sortis, X usurarum, dari spondes* (2)? Ma raison pour le

---

(1) Il faut comparer à Varron, *de Ling. lat.*, VI, 60, Muller, le passage suivant de Festus : *Nuncupata pecunia est, ut ait Cincius, in L. II, DE OF-FICIO JURISCONSULTI, nominata, certa, nominibus propriis pronunciata : CUM NEXUM FACIET MANCIPIUM QUE, UTI LINGUA NUNCUPASSET, ITA JUS ESTO : ita uti nominarit, locutus ve erit, ita jus esto. Vota nuncupata dicuntur, quæ consules, prætores, cum in provinciam proficiscuntur, faciunt : ea in Tabulas præsentibus multis referuntur. At Santra, L. II. DE VERB. ANTIQ., satis multis nuncupata, conligit, non directo nominata significare, sed promissa, et quasi testificata, circumscripta re, cepta que, quod etiam in votis nuncupandis esse convenientius.* Pag. 173. Muller, corr. par Ursinus.

(2) Une application évidente de cette forme de contrat se retrouve encore dans la conception des termes de la stipulation, à une époque plus récente. En effet, la formule : *dari spondes? Spondeo*, était bornée à l'usage des citoyens romains, tandis que toutes les autres formules pouvaient être employées aussi par les étrangers : or, dans cette formule seule

croire, est que si le capital et l'intérêt eussent été réunis en une
seule formule, elle eût été contraire à la vérité de la prestation,
et entachée d'un vice radical. Nous voyons aussi que la règle
constante, après que le *mutuum* eut cessé de revêtir la forme
du *nexum*, fut d'établir l'obligation relative aux intérêts par
une stipulation particulière. Cette pratique était un reste
de l'ancienne coutume des Prudents, et portait avec elle la
raison de son être (1).

En effet, il n'y avait pas, dans les deux obligations, identité
de cause et de nature. Dans le *mutuum* proprement dit, la prestation était la chose principale, à ce point que la *nuncupatio*
lui était seulement corrélative, et que le contrat était considéré
comme *realis*. L'obligation aux intérêts reposait au contraire
uniquement sur les *verba* de la formule, bien que ceux-ci
fussent également sous la protection du *nexum*. La nature des
deux obligations n'était donc pas identique, quoique leur
forme juridique fût la même, parce qu'elles se trouvaient
toutes deux sous la garantie de la solennité du *nexum*.

Ces explications étaient nécessaires pour arriver à l'in-

---

se trouve le mot *dari*, qui, dans les autres, avait besoin d'être ajouté, et
n'était point par conséquent essentiel (Voy. Gaius, liv. III, § 92-93, où la
formule *dari spondes* se rencontre trois fois de suite sans aucune variation).
Maintenant, si cette formule était réservée aux citoyens, c'est sans doute
parce qu'elle était la formule originaire de l'ancienne *nexi obligatio*, de-
meurée dans les limites de son usage ancien, alors même qu'elle ne fut
plus employée que comme simple stipulation ; et le *dari* s'explique par
cette considération, que le *nexum*, comme prêt symbolique, ne pouvait
avoir d'autre objet qu'une obligation de donner.

(1) M. de Scheurl est d'une opinion contraire, mais ses motifs de douter
ne m'ont pas paru convaincants.

telligence du texte de Varron , relatif au *nexum* des *operæ* ,
texte sur lequel s'appuie tout le système de M. Sell. Ce texte
n'indique pas autre chose qu'un second objet possible de la
nuncupatio dans le *mutuum*, c'est-à-dire une autre convention accessoire qui pouvait s'adjoindre à la clause principale.
Il s'agit évidemment, dans les paroles de Varron, d'une *satisdatio* d'un genre particulier, dont le but était de garantir
plus fortement au créancier l'obligation fondée sur le *nexum*,
tant pour le remboursement du fonds que pour la prestation
des intérêts. Interpréter la chose autrement, c'est prendre
une clause accidentelle pour le contrat auquel elle s'attache ;
c'est confondre la garantie avec l'obligation, et juger de l'acte
lui-même par une seule de ses faces. L'objet de la *satisdatio*
est marqué par ces mots : *Liber qui operas suas in servitutem pro pecunia quam debet, dat.* Le bon sens , tout seul,
indique ici une caution qui est subsidiaire au contrat de prêt ;
et *pecuniam quam debet* montrent l'existence antérieure et
présupposée de la dette elle-même.

Mais que signifient, dira-t-on, ces mots : *operas suas in servitutem dare ?* On ne saurait admettre que ces mots aient la
portée d'une mancipation de soi-même, ni qu'ils indiquent
une dation en esclavage du débiteur au créancier. Comment,
en effet, Varron eût-il restreint son langage aux *operæ* du
débiteur ? Comment n'aurait il pas parlé de l'engagement,
de l'asservissement de la personne elle-même ? D'ailleurs
cette aliénation de la liberté personnelle eût été nulle , conformément à la doctrine constante et fondamentale du droit
romain (1). L'interprétation du *nexum* par la mise en gage

---

(1) Les monuments du droit contiennent, à ce sujet, la solennelle ex-

de la personne n'est pas nouvelle, puisque Saumaise et Gronovius l'ont proposée il y a deux cents ans ; mais elle n'a jamais été acceptée par les jurisconsultes ; et, en effet, sous
l'empire même, nous trouvons la consécration éclatante d'une
maxime contraire qui subsistait encore alors dans sa vitalité

---

pression de la doctrine incontestable et traditionnelle des jurisconsultes.
En effet, quoique le *mancipium* sur des personnes libres se présente
comme une très-ancienne institution du droit civil, il n'en est question
cependant que dans les cas de mancipation de l'enfant par le père, ou de
la femme par le mari. On ne saurait confondre la *mancipii causa*, qui était
intermédiaire entre l'esclavage et la liberté, avec la *servitus*. Le *mancipium*
avait été employé comme une fiction, pour dissoudre la puissance pater-
nelle, bien avant la chute de la république (Voy. Tite-Live, LXI, 8). Mais
rien n'indique que jamais l'homme libre ait pu se manciper lui-même,
comme on l'a supposé. On ne pourrait induire le contraire du texte de
Gaius, liv. 1, § 117-118, 141, ni d'Ulpien, tit. 11, § 5. — Lorsque Paul
Diacre dit : *deminutus capite appellabatur... et qui liber alteri mancipio
datus est* (pag. 20, Muller), ces mots ne peuvent, sans être forcés, s'entendre d'une mancipation de soi-même. De plus, on suppose que
cette mancipation n'aurait eu qu'une force conditionnelle, éventuelle,
opérant seulement dans le cas de non-payement, au jour de l'échéance : or,
toute mancipation que l'on aurait voulu limiter par une condition ou par un
terme, était, par cela seul, entièrement nulle (*Fr. vaticana*, § 329, L. 77,
Dig., de Reg. juris). C'est pourquoi, dans la *fiducia* même, la propriété de la
chose devait être transportée immédiatement et sans condition. En ce cas,
on se servait, pour atteindre le même but, d'un moyen tout différent de
celui qu'offre une clause conditionnelle ; on donnait au débiteur contre
le créancier une action personnelle, *fiduciæ actio*. Si le créancier abusait
du droit de propriété qui lui était effectivement acquis, en vendant, par
exemple, avant l'échéance ou après le payement, la chose engagée, le
débiteur agissait contre lui par l'*actio fiduciæ*, au moyen de laquelle il obtenait un entier dédommagement ; et cette action était encore particulière-

primitive(1); vitalité dont Cicéron, dans son plaidoyer pour Cæcina, a éloquemment montré l'origine et la vertu (2).

Un point donc doit être tenu comme certain, c'est que l'homme libre de Varron *qui suas operas in servitutem dat*, en engageant son travail, ne se rendait pourtant pas ESCLAVE,

---

ment à redouter, en ce qu'elle était infamante pour le créancier condamné. Une telle ressource ne pouvait se rencontrer dans le *nexum*, en supposant qu'il consistât en une mise en gage de soi-même, par le moyen de la mancipation; car jamais celui qui se serait trouvé dans le *mancipium* d'un autre n'aurait pu exercer une action contre celui-ci, parce que tous ses droits passant sur la tête de son maître, cette *actio fiduciæ* elle-même, dès l'instant de la mancipation, aurait été une action du maître contre lui-même, et se serait nécessairement éteinte par confusion.

(1) Sous Alexandre Sévère, le juriscons. Paul dit: *in libero homine neque venditio consistit, et nihil est quoniam veniat;* fr. 4. Dig. XL. 13. Ulpien dit la même chose, fr. 9. § 2. Dig. XL. 7. Dès les temps les plus anciens, il était admis que l'homme libre n'était pas *in commercio,* que la liberté était *juris publici,* et que la volonté privée n'y pouvait toucher. Dans Plaute, ce commerce est illicite : *carnufex qui hic commercaris cives homines liberos.* Pers. IV. 9. 10. Le jurisconsulte Callistrate écrit : *Conventio privata neque servum quemquam, neque libertum alicujus facere potest.* Fr. 37. Dig. XL. 12. — Dioclétien mande à l'un de ses préfets : *Liberos, privatis pactis, vel actu quocunque administrationis, non posse mutata conditione servos fieri, certi juris est.* Const. 10. Cod. VII. 16.—Et un autre empereur dit : *Libertati a majoribus tantum impensum est, ut patribus, quibus jus vitæ in liberos necisque potestas permissa est, eripere libertatem non liceret.* Cod. Théod. Const. 2. IV. 8, et *ibi* J. Godefroi.

(2) Cicer. *pro Cæcina*, § 33 et 34. Le boulevard de la liberté romaine, c'était la *civitas.* Or la perte de la *civitas* n'était encourue que dans un petit nombre de cas déterminés, et Cicéron ajoute : *Quod si maxime iisce rebus adimi libertas aut civitas potest, non intelligunt qui hæc commemorant, si per has rationes adimi majores posse voluerunt,* ALIO MODO NOLUISSE! —

dans le sens juridique de ce mot. *Servitus* ne désigne point ici la *justa servitus* des jurisconsultes, mais une servitude de fait, qui est souvent indiquée de la sorte, sans qu'on en puisse induire la perte de la liberté civile (1). C'est ce que montre aussi l'emploi du mot *operæ* comme de l'objet du *servitium* engagé. Aucune expression n'est mieux appropriée pour faire ressortir le service de fait d'un homme libre de droit (2); pour distinguer par conséquent le *servile ministerium* de la *dominii* ou *potestatis causa* (3). Varron parle donc ici du débiteur obligé à un service servile envers le créancier,

---

Ce que dit le jurisconsulte Marcien, fr. 1. Dig. 1. 5, de la servitude encourue par celui qui *venumdari passus est pretii participandi causa*, est une doctrine récente, dans le droit romain; et d'ailleurs elle ne porte pas atteinte au principe, car, dans ce cas, la perte de la liberté n'est que la punition de la fraude commise envers un tiers.

(1) Paul, dans les *fragm. vatic.*, § 307, distingue très-bien la *justa servitus*, et l'état de ceux qui *pro servis servierunt*. Et dans un fragment du Digeste (Voy. note suiv.), le même jurisconsulte dit formellement que l'homme libre peut *servire* comme l'esclave, surtout dans ce sens que tous deux peuvent *operas dare*; ce qui prouve que le langage romain admettait une acception particulière des mots *servire* et *servitus*, sans que l'idée du *dominium* d'autrui y fût attachée, dans tous les cas. Cf. le fr. 11. Dig. IV. 6.

(2) *Alienus servus servire nobis potest, sicuti liber, et multo magis operas dare, nisi testator servitutis appellatione dominium magis quam operam intellexit.* Fr. 4. § 4. D. XL. 7.

(3) La même distinction se retrouve dans un fr. d'Ulpien, 27. § 8. Dig. XLVIII. 5; et la novelle 134, chap. 7, nous en transmet la tradition exacte dans ces paroles : *quia vero hanc etiam impietatem, in diversis reipublicæ nostræ locis committi cognovimus, quod creditores debitorum liberos vel pignoris loco, vel ad servile ministerium* (δουλικὴν ὑπηρεσίαν) *detinere, vel locare audeant, hoc omnibus modis prohibemus*, etc. (Trad. d'Hombergk.)

sans en être toutefois l'esclave. On ne saurait donner un autre sens au mot *operæ*. On pourrait même, à la rigueur, le restreindre à des services ayant une valeur vénale, et, en conséquence de cette supposition, borner l'objet de ces services au rachat successif de la dette, par un travail corporel.

Le débiteur qui, de cette manière, *sert* le créancier, *pro servo*, comme dit Paul, est appelé *nexus*, suivant le témoignage de Varron. Comment expliquer cette dénomination ? Par l'application simple de l'adjectif *nexus*, à l'individu obligé dans la forme du *nexum*, avec la clause accessoire d'une garantie ; et l'analogie que présente Varron lui-même, *ut ab ære obæratus*, démontre la vérité de la dérivation. C'est donc comme si le grammairien avait dit : On appelle aussi *nexus* celui qui, etc.

Et ne croyez pas que le nom de *nexus* fût un nom général donné à tout débiteur de *mutuum;* cette erreur a été commise par beaucoup d'écrivains modernes. Sans doute le simple prêt, *mutuum*, entraîna toujours à Rome une sévère exécution, surtout lorsqu'il avait lieu entre client et patron (1); mais la seule réception d'un prêt ne suffisait pas pour imprimer au débiteur le caractère de *nexus*. La qualification était juste si la forme solennelle et consacrée avait été employée ; elle était juste encore, si une clause particulière de la *nuncupatio* obligeait le débiteur à un *servile ministerium*, dans un cas donné. Et ici je pense qu'il était indifférent que les *operæ* fussent sim-

---

(1) Voy. la belle description que donne Denys d'Halicarnasse des offices dus par le client à son patron, et réciproquement, liv. II, § 9 et 10. Reiske.

9

plement promises, ou bien qu'elles fussent en cours de prestation, *operas dat,* pour que le mot de *nexus* fût exactement
appliqué; car l'exactitude de la qualification vient de la
forme de l'obligation, ou du *nexum*, et non pas de la prestation servile, effectuée ou promise.

Il y avait, dans l'ancien droit romain, deux sortes de prêts,
aussi distincts l'un de l'autre que la *traditio* et la *mancipatio;*
c'étaient le *mutuum* et le *nexum :* le premier, reposant sur le
droit des gens; le second, sur le droit civil propre aux Romains (1). Le *nexum* est une forme de *mutuum,* et de là vient
que Denys d'Halicarnasse, qui n'a pas, dans sa langue, un
terme propre pour exprimer ce contrat solennel de prêt, le
comprend dans le Δανείζειν, et le distingue du prêt ordinaire
par ces mots : Δανείζειν ἐπί σώμασι (2). Nous attachons une
grande importance à cette distinction; car le *nexum* implique
à nos yeux une idée qui n'est pas dans le *mutuum. Nexum*
désigne formellement une obligation publique qui peut se
présenter dans des applications fort diverses; tandis que
mutuum se rapporte matériellement et généralement au contrat de prêt pur et simple, soit de consommation, soit à
usage. La bifurcation n'était point encore établie, au temps
dont nous parlons. En un mot, le *mutuum* est plus ancien
que le *nexum.* Il est de même âge que le genre humain lui-
même, et il resta debout après l'organisation civile de l'état

---

(1) *Quarumdam rerum,* dit Gaius, *dominium nanciscimur jure gentium,*
quod ratione naturali inter omnes homines peræque servatur; quarumdam,
jure civili, id est jure proprio civitatis nostræ; et quia antiquius, jus gentium
cum ipso genere humano proditum est, etc., Fr. 1. Dig. XLI, 1.

(2) Antiq. rom., liv. IV, § 9, pag. 658. Reiske, et *alibi.*

romain, et après les différentes révolutions qu'éprouva l'emploi de la balance dans les conventions privées. Le *mutuum* simple dut demeurer en usage, de client à patron, surtout pour les petites dettes d'argent; et, bientôt, il ne s'appliqua plus qu'aux emprunts pécuniaires.

Le *nexum* était probablement réservé pour les prêts considérables, et sa formule devait être celle-ci : QUOD EGO TIBI M LIBRAS HOC ÆRE ÆNEA QUE LIBRA NEXAS DEDI, EAS TU MIHI POST ANNUM JURE NEXI DARE DAMNAS ESTO. On peut croire aussi que la stipulation des intérêts et la nécessité d'obtenir une garantie pour cette stipulation, qui en manquait naturellement, avaient rendu général l'usage du *nexum* appliqué au prêt d'argent. La stipulation des *operæ* du débiteur, en cas de non-payement, fut encore une abominable invention, dont l'usage, accidentel d'abord, tomba dans l'habitude courante ; il n'y avait que le *nexum* qui pût en garantir l'exécution ; mais c'était toujours, en soi, une stipulation accidentelle, qui, pour être souvent répétée, n'était point pour cela essentielle au contrat, et qui ne constituait pas le caractère distinctif du *nexum*. La prestation des *operæ* pouvait être, selon la formule employée, une conséquence de l'obligation (1); mais à cette obligation principale et solennelle était réservée la dénomination légale et primitive de *nexum*, à laquelle l'usage

---

(1) La stipulation des *operæ* pouvait-elle être donnée après la conclusion du *gestum per libram?* Je ne le pense pas. L'opinion contraire serait opposée aux principes et aux traditions du droit romain, qui n'autorisent, par exemple, d'autres *pacta adjecta*, dans les *bonæ fidei contractus*, que ceux ajoutés *in continenti*.

et la pratique postérieure donnèrent une signification spéciale, définie par Varron.

D'après ces données, le sens des mots : *nexum inire*, *nexum se dare*, *necti*, etc., qu'on trouve dans les écrivains latins, offre des nuances diverses de signification, qui entrent plutôt dans le domaine de la synonymie juridique que dans celui des théories du droit, et que nous ne pouvons déterminer ici en détail (1). Il paraît que la stipulation des *operæ* devint tellement usuelle, à une certaine époque, qu'on ne pratiqua plus d'autre forme de *nexum;* mais c'était évidemment une altération abusive du contrat lui-même, et de là vinrent les séditions et les lois répressives.

Ainsi donc le texte de Varron doit s'entendre ainsi : On appelle, tout de même, du nom de *nexus* le débiteur qui rend au créancier des services serviles, après l'échéance de la dette, pour un temps indéterminé, jusqu'à l'extinction de la créance et en vertu d'une convention particulière. Expliqué de la sorte, ce texte donne la clef de toutes les difficultés de la matière, et nous y reviendrons en traitant des effets du *nexum* (2).

Je pourrais parler ici des autres garanties dont la prudence ou l'exigence du créancier imposait la charge au débi-

---

(1) M. Sell ಶ M. Bachofen ont appliqué leur esprit à ces définitions particulières, ainsi que M. Huschke, et leurs recherches, pour n'être pas toujours concordantes, n'en ont pas moins un grand intérêt.

(2) M. de Savigny et Niebuhr ont donné une autre interprétation du texte de Varron. Nous pensons qu'elle est insuffisante pour la solution des difficultés. Nous en dirons tout autant de l'ingénieuse explication d'Otf. Müller, dans le *Rheinische Museum*, vol. 5, pag. 198.

teur, comme le *pignus* et les *prædes;* mais ce serait un traité jeté au milieu de ma matière, et je m'en abstiendrai. Tantôt ces garanties étaient réunies au *nexum,* et tantôt elles en étaient séparées, selon l'importance de la dette ou la confiance qu'inspirait le débiteur. Je rechercherai, dans un mémoire particulier, quels étaient la nature et les effets du contrat de gage, dans sa liaison avec le *nexum;* pour le moment, je me borne à remarquer que cette aggravation de la condition du débiteur était le résultat des premières lois qui furent faites pour entraver les exactions des usuriers. Le taux des intérêts, qui, chez les Athéniens, ne fut jamais fixé par la loi, fut réduit à Rome, par la loi des XII Tables, à 8 1/3 pour 100. Cette mesure, loin d'adoucir le sort des débiteurs, ne fit qu'augmenter leur oppression. Le créancier, ne trouvant pas de protection, en justice, pour des intérêts plus élevés, dut chercher, plus qu'auparavant, à s'assurer une action privée et indépendante contre l'*obæratus*. On peut même assurer que toutes les lois postérieures, sur le taux de l'intérêt, ont produit des résultats opposés à leur but. Plus on multipliait les entraves de l'usure, plus on rendait pesantes les chaînes des emprunteurs, car le créancier était d'autant plus avisé contre eux et contre la loi elle-même: aussi a-t-on observé que, malgré la prohibition absolue de la loi *Genucia,* malgré les menaces d'une loi *Marcia* qui, probablement peu de temps après, autorisa la *manus injectio* contre tout prêteur sur intérêts (1), la misère des plébéiens

---

(1) Voy. Gaius, *Comment.* IV, § 23. On peut assigner l'époque de cette loi à l'an 402 de Rome. Cf. Tite-Live, VII, 21.

alla toujours croissant. Mais enfin, le législateur quitta la voie qu'il avait suivie si longtemps et sans profit. Après les prohibitions relatives aux intérêts, vint la prohibition du *nexum* lui-même, qui était l'un des moyens principaux employés pour éluder les lois sur les intérêts usuraires. Tel fut l'objet de la loi *Petelia*, dont nous parlerons plus tard.

§ IV.

DES EFFETS DU *NEXUM*.

Le *nexum* pour prêt d'argent entraînait donc, dans le vieux droit romain, une exécution spécialement vexatoire, qui n'a point d'exemple analogue dans notre droit moderne ; exécution bien plus ruineuse et bien plus arbitraire que celle que nous accordons à la lettre de change, puisque dans celle-ci intervient la justice, tandis que le *nexum* autorisait la contrainte privée, sans jugement préalable. Et là ne se bornait pas l'efficacité du *nexum ;* elle se manifestait par d'autres conséquences d'une injustice révoltante, qui méritent un examen détaillé. Nous touchons à la partie la plus douloureuse de la déplorable histoire de l'*obæratus* romain.

Si le débiteur ne payait pas à l'échéance, on peut supposer qu'il fallait d'abord lui faire une sorte de sommation, peut-être même une *denunciatio,* devant les témoins de l'acte. S'il ne pouvait payer sur sommation, il avait probablement encore trente jours pour se procurer de l'argent ; après quoi il était soumis à la *manus injectio* et à l'*abductio* de la part du créancier. C'était une exécution directe autorisée par le contrat ; et ce procédé exécutoire était le premier résultat caractéristique de cette forme d'obligation publique.

Ce qui autorise mes présomptions relatives aux délais préliminaires de l'exécution, c'est, outre l'analogie avec la procédure suivie devant le magistrat (1), dans le cas du *judicatus* et de l'*addictus*, dont nous parlerons plus bas; c'est, dis-je, un passage de Denys d'Halicarnasse, écrivain plus instruit qu'on ne l'a cru, en cette matière spéciale (2). Dans ce texte, on distingue deux classes de débiteurs : ceux qui le sont par contrat, et ceux qui le sont par jugement. Les premiers se subdivisent en deux catégories : les débiteurs *ex nexo,* qui n'ont pas encore été appréhendés par leurs créanciers, et ceux qui ont été pris au corps, parce que, après l'échéance de la dette, le délai légal à eux donné, pour se procurer de l'argent, est expiré sans qu'ils aient pu payer (3). Enfin vient

---

(1) Ce point est discuté avec détail et succès par M. Huschke. Il s'appuie sur des textes fort concluants, et il en induit que le droit romain ancien admettait en principe général que, dans tous les cas où une rigueur juridique menaçait une personne, il fallait lui faire préalablement, de dix en dix jours, trois *dénonciations* préalables.

(2) Τοὺς ὀφείλοντας χρέα καὶ μὴ δυναμένους διαλύσασθαι, πάντας ἀφεῖσθαι τῶν ὀφειλημάτων δικαιοῦμεν. καὶ εἴ τινων ἤδη τὰ σώματα ὑπερημέρων ὄντων ταῖς νομίμοις προθεσμίαις κατέχεται, καὶ ταῦτα ἐλεύθερα εἶναι κρίνομεν· ὅσοι τε δίκαις ἁλόντες ἰδίαις, παρεδόθησαν τοῖς καταδικασαμένοις, καὶ τούτους ἐλευθέρους εἶναι βουλόμεθα, καὶ τὰς καταγνώσεις αὐτῶν ἀκύρους ποιοῦμεν. C'est Ménénius Agrippa qui tient ce langage au peuple, sur le mont Sacré, en lui présentant les propositions qui doivent mettre fin à la séparation des deux ordres. Denys d'Halic. VI, 83. Cf. ibid. V, 69; VI, 46. — Reiske.

(3) Il est question de ce délai légal dans d'autres textes. Cf. Denys d'Halic., VI, 23, et *Excerpt.*, pag. 2338, tom. IV. Reiske; — et Zonaras, VII, 14.— Le droit romain offre l'exemple d'autres délais légaux de ce genre, en dehors de toute procédure. Cf. Paul, *Sent. recept.*, II, 5, § 1; — Fr. 4. Dig., XIII, 7, et surtout Gaius, *Comment.*, IV, 22.

la classe des condamnés pour dettes, quelle que soit l'origine de la créance ; ceux-là sont aussi *abducti* par le créancier, et de plus *addicti*. Nous examinerons successivement le droit qui est relatif à chacune de ces catégories.

Quant au droit de mainmise du créancier sur le débiteur, *ex nexo*, en vertu du contrat seulement, c'était le plus terrible des effets du *nexum*. Le créancier agissait dans ce cas comme aurait pu faire l'autorité publique à l'égard d'un condamné. Ce point est prouvé par une foule de textes (1). C'était une contrainte par corps, sans jugement, contractuelle et arbitraire, ayant, non pas le caractère de répression d'un délit commis ou présumé, ainsi que dans notre droit français moderne, mais exercée à titre de payement provisionnel et par compensation, puisque le caprice du créancier pouvait infliger arbitrairement au débiteur l'obligation du travail, et que, d'ailleurs, la saisie avait pour objet, par l'arrestation du débiteur, de mettre toutes les actions de ce dernier en la disposition provisoire du créancier.

Servius a gardé, de ce droit primordial, un souvenir fugitif quand il dit, sur le *injecere manum Parcæ* de Virgile (2) : *Traxerunt debitum sibi, et sermone usus est juris. Nam manus injectio dicitur quotiens nulla judicis auctoritate exspectata, rem nobis debitam vindicamus.* Telle a été la première signification de la *manus injectio*, plus tard appliquée à un autre acte juridique ; telle a été la signification de *ducere* ap-

---

(1) V. Denys d'Halic., IV, 9 et 11. — V, 6 et 69. — VI, 1, 26, 29, 59, et les textes déjà cités. — Tite-Live, II, 23, 24, 25, 27, etc.

(2) Servius sur *Æneid.*, X, 419.

pliquée au débiteur par *nexum*, dans les textes classiques ; et du malheureux qui était ainsi *abductus* on disait : *nectitur*, *nexum se dare, nexum inire* (1) ; et lui-même était alors qualifié proprement du nom de *nexus*, nom qui ne désignait pas seulement un homme enchaîné, comme l'a cru un célèbre écrivain, mais qui était une véritable appellation juridique (2). L'abduction *in nexum* se faisait donc en vertu du contrat seul, sans intervention du magistrat. Elle n'était subordonnée à la volonté du débiteur qu'en ce sens qu'il l'évitait en se procurant de l'argent. Il pouvait encore, probablement, échapper à la *manus injectio*, comme dans le cas où il était *in jus vocatus*, en offrant un *vindex*, et, dans ce cas, l'exécution autorisée contre le *vindex* était exactement la même que celle permise envers le débiteur lui-même.

Le *nexum* donnant droit à une exécution, d'autorité privée, par une délégation supposée de la puissance publique, conférée au créancier, en vertu de la forme *per æs et libram*, il en résultait que la *manus injectio* et l'*abductio* avaient tous les caractères d'une exécution émanant de l'autorité publique. Il est important, à ce sujet, d'écouter Gaius (IV, 21) : *Per*

---

(1) Tite-Live, VI, 14 et 15, etc. — Aulu-Gelle, XX, 1. Gaius, *Comment.*, IV, 21.

(2) Voy. principalement Tite-Live, II, 23. *Civitas..... inter patres plebemque flagrabat odio, maxime propter nexos ob æs alienum. Fremebant, se foris pro libertate et imperio dimicantes domi a civibus captos et oppressos esse.* Cf., *ibid.*, 24 et 25. Tite-Live dit de l'orgueilleux Appius (*ibid.*, 27) : *Jus de creditis pecuniis dicere deinceps, et qui ante nexi fuerant creditoribus tradebantur et nectebantur alii.*—Cf. VII, 19; VIII, 28, etc.— Valère Maxime : *T. Veturius..... cum, propter domesticam ruinam et grave æs alienum, C. Plotio nexum se dare admodum adolescentulus coactus esset.* VI, 1, § 9.

manus injectionem, dit-il, *æque de his rebus agebatur, de quibus ut ita ageretur lege aliqua cautum est; velut judicati lege* XII *Tabularum. Quæ actio talis erat. Qui agebat, sic dicebat :* QUOD TU MIHI JUDICATUS SIVE DAMNATUS ES SESTERTIUM X MILIA, QUÆ DOLO MALO NON SOLVISTI, OB EAM REM EGO TIBI SESTERTIUM X MILIUM JUDICATI MANUS INJICIO ; *et simul aliquam partem corporis ejus prendebat ; nec licebat judicato manum sibi depellere, et pro se lege agere ; sed vindicem dabat, qui pro se causam agere solebat : qui vindicem non dabat, domum ducebatur ab actore et vinciebatur.*

Après la mainmise du créancier, le texte de Varron ne laisse aucun doute sur la situation du débiteur ; il ne doit plus seulement l'argent prêté, *æs nexum*, mais encore ses services personnels eux-mêmes, dans une condition analogue à celle de l'esclavage(1) ; mais cette relation nouvelle était purement obligatoire. Le *nexus* n'était pas *alieni juris* pour cela. Il ne portait pas en lui une essence servile ; il était seulement soumis extérieurement à des *operæ serviles*, et à la retenue du créancier, qui pouvait l'incarcérer et même lui imposer des chaînes (2). Le droit du créancier sur le *nexus* est,

_____

(1) *Ductum se a creditore non in servitutem, sed in ergastulum.* Tite-Live, II, 23, Cf., VI, 27. *Supersit sibi liberum corpus, an id quoque nervo debeatur.* Quintilien emploie le mot *servire* pour désigner cette condition. *Inst. orat.*, V, 10, § 60; VII, 3, § 26.—Les auteurs grecs, tels que Plutarque et Denys, disent : δουλεύειν, et traduisent *nexus* par δοῦλον σῶμα. C'est un emprunt au droit attique.

(2) *Edixit ne quis civem romanum vinctum aut clausum teneret.* Tite-Live, II, 24.— *Ibid.*, 23 : *Nexi, vincti solutique se undique in publicum proripiunt, implorant Quiritium fidem. ..... ostentare vincula sua. —* Jus-

en égard au *suum jus* de ce dernier, dans le même rapport
que le gage à la propriété.

La position politique du *nexus* demeure intacte. Il conserve
la *civitas* et la liberté interne qui en découle (1). Il peut servir
dans les légions (2); il ne subit d'abord aucune *deminutio
capitis* (3); il peut voter dans les comices (4); en un mot, il
conserve l'intégrité de sa capacité politique, *in jure*; mais de
fait, le traitement servile auquel il est soumis imprime l'hu-
miliation sur son front, et la douleur de l'esclave dans son
cœur; et il peut être, par le fait encore, privé de l'exercice
de ses droits; car le pouvoir du créancier consiste à retenir
le débiteur sous sa garde privée, *jus retinendi* (5).

Quant aux droits civils du débiteur, ils étaient également

---

tin, 21, 1 : *Nexorum tria milia e carcere dimittit*; — 2 1, 2 : *Nec carcerem
nexis, sed cœdibus civitatem replet.*

(1) Voy. les textes cités de Tite-Live, liv. II, § 23 à 28.

(2) Cf. avec les textes cités, Denys d'Halic., VI, 29, 37, etc.

(3) Le débiteur *nexus* ne subissait pas même une *deminutio existima-
tionis*. Le discours du dictateur Valérius en fait foi. V. Denys d'Halic.,
VI, 41. Reiske. Ce texte est précieux; mais on peut en conclure qu'à une
certaine époque de la détention privée, l'*existimatio* du *nexus* était atteinte. C'est ce dont un fragment de Dion Cassius, de l'abbé Mai, relatif à
Camille et à sa condamnation à l'amende, nous donne la certitude. *Dion.
frag.*, édit. in-4°, tom. II de la *coll. vet. script.*, pag. 154.

(4) Voy. le discours de Manlius dans Tite-Live, IV, 15 : *Offendit te, vos-
que P. C., circumfusa turba lateri meo? Quin eam diducitis a me singuli
vestris beneficiis, intercedendo, eximendo de nervo cives vestros*, etc.

(5) C'est à l'occasion de la suppression de ce droit que Tite-Live dit :
*Hoc proposito edicto, et, qui aderant, nexi profiteri extemplo nomina, et
undique ex tota urbe proripientium se ex privato, quum retinendi jus creditori non esset*, etc. Tite-Live, II, 24.

respectés. Sa fortune est sauve (1), du moins pour le fonds. C'était même souvent pour sauver sa fortune qu'on s'engageait par le *nexum*. Le *nexus* conserve, en soi, ses droits de *pater familias* et d'*agnat*. Le créancier n'a jamais qu'un droit d'obligation personnelle; son pouvoir ne porte que sur l'activité du *nexus*, et non sur la personne tout entière; mais la contrainte par corps qu'il a le droit d'exercer, ayant le caractère d'une compensation, le créancier traite le débiteur comme une force productive, et l'exploite à son profit. Si le débiteur est récalcitrant, il est contraint par la violence, *nervo compedibusque* (2). Il peut être traduit devant le préteur, qui le livre à l'impitoyable créancier, *creditoribus tradebantur* (3); mais cette tradition elle-même, opérée par le magistrat, n'entraînera pas cet état de dépendance et d'autorité personnelle qui est la conséquence de l'esclavage et de l'addiction. L'état du *nexus* est toujours corélatif à l'accomplissement d'une obligation. Le droit du créancier n'est donc ni un *dominium*, ni un *mancipium*, ni même une *potestas*. C'est un droit d'exploiter toutes les facultés du débiteur, sans respecter même la liberté de ne pas faire : en un mot, c'est le droit de contrainte privée, exercé, pour ainsi dire, sans limites ; il comprend le droit de se payer par le travail forcé du débiteur, mais il ne s'étend pas jusqu'à la faculté de vendre sa personne même ; Varron dit seulement : *operæ in servitutem*.

C'est par analogie avec le droit du créancier gagiste non

---

(1) Voy. le texte de Denys d'Halic. déjà cité, liv. VI, § 41.

(2) Voy. Tite-Live, II, 23, 24 et suiv., et Denys d'Halic., V, 53; VI, 26, 59, 79, etc.

(3) Tite-Live, II, 27, *et qui ante nexi fuerant, tradebantur creditoribus*.

payé que le créancier par *nexum* avait droit au travail du *nexus*. Par conséquent si les *operæ* de ce dernier dépassaient le montant de la dette, leur valeur s'imputait sur les intérêts arriérés et sur le capital (1).

Le *jus retinendi* s'opérait par la séquestration et la mise aux fers, *vinctum aut clausum;* mais le *nexus* pouvait aussi être laissé en liberté, *nexi vincti solutique;* on peut même croire que la condition civile du *solutus* était plus favorable, puisqu'elle avait donné lieu à des définitions juridiques (2). L'*existimatio* de ce dernier demeurait probablement toujours intacte. Mais si le *nexus* s'évadait, ou parvenait à se soustraire à l'action du créancier, celui-ci pouvait le ressaisir de sa propre autorité, sans assistance de la force publique, et procéder comme au moment de la *manus injectio.* A ce dernier cas se rapportent les *extra vincula capti* dont parle Tite-Live (3).

Les effets du *nexum* n'embrassaient pas seulement, d'ailleurs, la personne individuelle du *nexus*, mais le saisissaient comme *pater familias* dans toute son existence privée. Par suite, tout ce qui était soumis au débiteur tombait par lui et avec lui dans la même condition, et notamment ses enfants

---

(1) L'analogie des *operæ* du *nexus* avec les fruits du gage, ou avec les *operæ* du *servus pigneraticius*, ressort de tous les textes. Cf. Denys d'Halic., V, 53, 69; VI, 79, etc. — Le fr. 8, Dig. XX, 2. — Const. 2. Cod. VIII, 25.

(2) Cf. le fr. 48, Dig. L. 16, tiré du livre de Gaius AD EDICTUM PRÆTORIS URBANI, Tit. QUI NEQUE SEQUANTUR, NEQUE DUCANTUR. *Solutum non intelligimus eum qui, licet vinculis solutus sit, manibus tamen tenetur: ac ne eum quidem intelligimus solutum, qui in publico (carcere: Basilic.* ἐν δημοσίῳ τόπῳ) *sine vinculis servatur.*

(3) Tite-Live, VIII, 14.

in potestate, tout aussi bien que sa fortune (1). C'était une simple conséquence du *nexum*, sans que l'intervention de la *fiducia* soit nécessaire pour l'expliquer. En effet, si nous avons prouvé que le *nexum* était un acte solennel et public en vertu duquel, en cas de non-payement à l'échéance, le débiteur tombait par voie d'exécution privée au pouvoir du créancier, à peu près à l'égal d'un condamné pour dettes, la rigueur du droit romain devait entraîner l'accessoire après le principal, et l'existence entière du *nexus* était engagée par le contrat. Ce n'est pas à dire qu'une *fiducia* ne fût possible concurremment avec le *nexum;* c'était par l'office de la *nuncupatio* que cette adhérence se réalisait, mais à titre de clause accessoire et par des motifs spéciaux. On comprend même son utilité, dans certains cas. Toutefois, le droit dérivant de la *fiducia* ne saurait être confondu avec ceux provenant du *nexum*. Le *nexum*, par rapport aux biens, produisait son effet, probablement sous la forme d'une *pignoris capio*.

Il est évident qu'une telle situation morale et juridique devait donner carrière aux abus les plus révoltants. En effet, les créanciers n'en restèrent pas aux termes et à l'esprit de la loi, d'autant plus que sous la forme des *operæ in servi-*

---

(1) Cf. Denys d'Halic., V, 69 ; VI, 26, 29, 37, 41, etc.—Tite-Live, II, 23 : *Ne quis militis, donec in castris esset, bona possideret, aut venderet, liberos nepotesve ejus moraretur.* Ce texte se rapporte à deux formes d'engagement pour dettes, le *nexum* et le simple *mutuum*, qui ouvrait action sur les biens, comme nous le dirons plus bas. Cf. Tite-Live, VIII, 28 : *Ingens vis hominum quum ætatis miseratione atque indignitate injuriæ accensa, tum suæ conditionis liberumque suorum respectu, in forum concurrit,* dit l'historien, en parlant du détestable attentat de Papirius sur le jeune et beau Publilius, qui était tombé dans le *nexum, ob æs alienum paternum.*

tutem, ils avaient en vue moins la valeur vénale des travaux qu'une pleine servitude pour dettes. Aussi n'est-ce que rarement, à cette époque, que nous trouvons les *nexi* chargés de travaux, sur les champs ou dans les maisons des créanciers ; le plus souvent nous les voyons incarcérés, chargés de chaînes, déchirés à coups de fouet, et même condamnés à servir d'infâmes voluptés. Ces faits n'ont pas contribué médiocrement à propager bien des erreurs, tant sur le caractère que sur la situation juridique des *nexi.* Il est, même parmi les modernes, des écrivains qui ne veulent voir dans les *nexi* que des esclaves *enchaînés ;* et ceux-là même qui distinguent avec le plus de soin les *addicti* et les *nexi,* se laissent aller à rapporter aux seconds la position juridique des premiers (1).

Si, dans la réalité, ils ont pu être traités souvent de la même manière, la servitude de fait où ils se trouvaient également était néanmoins très-différente pour les uns et pour les autres. Celle de l'*addictus* se fonde sur un décret du préteur, par conséquent sur une base juridique ; l'*addictus* est donc DE DROIT *servi loco ;* celle du *nexus,* par contre, n'est que l'ex-

---

(1) Ainsi, par ex., Zimmern, III, 124, s., 128, s., qui pousse la confusion au plus haut degré. Suivant lui, le *nexus* est dans le *mancipium* du créancier et diminué de cité dès avant l'addiction, de telle sorte qu'il ne peut être libéré que par manumission. Rudorff et Böcking n'ont pas eux-mêmes une doctrine bien nette, quand ils soutiennent, contre Zimmern, que la *potestas* était différente, quant au *judicatus* et quant au *mancipium ;* et lorsque le premier ajoute « que l'obligation des *nexi* était dès le principe, ce que toute autre ne devenait que par le jugement, » il laisse ainsi douter s'il considère les *nexi* comme se trouvant dans le *mancipium* du créancier.

tension abusive faite à la personne tout entière du pouvoir nécessaire pour forcer à faire une certaine prestation. L'on ne peut d'ailleurs indiquer avec précision où commence l'abus, où finit le droit; et, dans cette incertitude même se trouvait le grand danger pour la liberté de la *plebs*.

L'état de l'*auctoratus* repose sur un fondement obligatoire analogue à celui du *nexus* (1). — L'*auctoratus* promet, sous la garantie du serment, comme le *nexus*, sous celle de l'*æs et libra*, sinon des services serviles en général, du moins des services de gladiateur, lesquels du reste, comme les premiers, embrassent toute la force et l'existence de l'individu, et le mettent, ainsi que le *nexus*, sous la garde personnelle d'un maître. Les Romains n'envisagent point cet acte comme une *locatio operarum*, ils l'en distinguent au contraire avec soin (2). Mais, dans l'esclavage de fait du gladiateur, on ne trouve, pas plus que dans celui du *nexus*, un rapport déterminé de *potestas;* car l'esclavage de fait est bien plutôt la conséquence de l'accomplissement d'une obligation contractée librement et d'un genre particulier. Gaïus établit une certaine relation entre l'*auctoratus* et le *judicatus*, quand, après avoir dit : *Interdum etiam liberorum hominum furtum fit*, il cite comme exemples l'enfant *in potestate*, la femme *in manum*, le *judicatus* et l'*auctoratus* (3). Mais évidemment l'on ne peut de cette assimilation rien conclure pour la nature juridique de l'état de ces personnes. Si, à cette époque, il

---

(1) Voy. sur ce point *Brisson*, h. v., et *Schulting, ad leg. Mos. et Rom. Coll.*, IV, 3.

(2) Arg. *L. M. et R. Coll.*, IV, 3.

(3) *Comm.* III, 199.

y avait encore eu des *nexi*, ou des personnes pouvant se trouver, pendant un temps de quelque durée, *in mancipii causa,*
nous les trouverions, sans aucun doute, compris dans cette
énumération.

Les événements dont parle Tite-Live, au livre II, c. 23-29,
confirment complétement les opinions que nous avons déve-
loppées. Les *nexi ob æs alienum*, au sujet desquels s'élevèrent
alors des dissensions intestines, ne peuvent, d'après ce nom
même, avoir été simplement les débiteurs d'un *mutuum;*
l'*æs alienum* est présupposé dans leur personne, et apparaît
comme le fondement d'une dépendance personnelle encourue
postérieurement. Cette dépendance consiste, en soi, dans une
détention personnelle. Nous voyons ces détenus tantôt enchaînés, tantôt non enchaînés; les uns et les autres sont réunis
par Tite-Live sous la dénomination de *nexi, vincti solutique.*
La leçon *nexi,* qui a pour elle les manuscrits, est rejetée pour
celle de *nexu vincti,* par la plupart des éditeurs, Drakenborch, Gronovius, ainsi que par la plupart des auteurs qui
ont traité de notre sujet, notamment par Niebuhr, par
MM. Sell, Schilling et Zimmern; elle est défendue au contraire par Sigonius et par Saumaise (1). Enfin, M. Heusde l'a
également admise. La langue usuelle et le sens de la phrase
nous conduisent forcément à l'adoption de la leçon *nexi.*
Tous les détails des événements racontés par Tite-Live démontrent qu'il s'agit non-seulement de débiteurs, mais même
de débiteurs entrés déjà dans la quasi-servitude du *nexum.*

(1) *De modo usurar.*, p. 821 et 831, qui l'explique fort bien en disant :
tam qui vincti apud creditores serviebant, quam qui sine vinculis et soluti.

11

S'il en était autrement, pourquoi imploreraient-ils l'assistance des citoyens? De quelles maisons sortiraient-ils pour se précipiter sur la place publique? Ce ne pouvait être évidemment que des maisons et des cachots des créanciers. C'est là qu'ils étaient accablés, sinon toujours de chaînes, au moins de mauvais traitements. *Ostentare vincula sua, deformitatemque aliam,* dit Tite-Live. Il met également dans leur bouche cette plainte : *Nec dubiè ludibrio esse* MISERIAS SUAS; et cette plainte pouvait-elle émaner d'autres que des *nexi*? D'un autre côté, quel sens aurait l'édit de Servilius s'il n'avait pour objet les *nexi*? Qui aurait pu empêcher des débiteurs non incarcérés de se faire inscrire par les consuls dans les légions? Évidemment donc les *soluti* sont les *nexi* non enchaînés. Nous avons montré ci-dessus, d'après Varron, qu'eux aussi sont de véritables *nexi*, dans le sens propre du mot ; et Tite-Live les comprend plusieurs fois sous cette dénomination générale. Ainsi, sous le nom de *nexi ob æs alienum*, il les confond évidemment avec les débiteurs enchaînés. Après avoir parlé des enchaînés et des non enchaînés qui s'étaient réunis au Forum dès le commencement des troubles, il ajoute d'une manière générale qu'après la publication de l'édit de Servilius, *qui* ADERANT NEXI *profiteri extemplo nomina.* — En présence de l'ennemi, les NEXI réclament les premiers le signal du combat; la guerre terminée, tous ceux *qui* ANTE NEXI FUERANT, sont livrés aux créanciers. Le mot *tradebantur* exclut complétement l'idée de personnes non endettées, ou même de simples débiteurs non *nexi*. Si, d'après cela, la leçon de Sigonius nous paraît seule exacte, il est à peine nécessaire d'ajouter que *nexi* marque le genre ; *vincti* et *soluti* les deux espèces.

Niebuhr rapporte ces mots de Tite-Live à ceux des XII Tables : *Nexo solutoque, forti sanatique idem jus esto,* mots qui, d'après lui, désignent tout à la fois l'obligé (*nexus*) et le débiteur libéré (*solutus*), et attribuent à l'un et à l'autre la même capacité civile. M. de Savigny et M. Scheurl ont pu s'étonner que Niebuhr attachât de l'importance à un fragment dont il ne reste en réalité, dans le manuscrit de Festus, que les lettres suivantes : « *In XII Nex. — Forcti sanati. —* Mais cette observation critique ne me semble pas fondée ; car s'il est vrai qu'en ce lieu (1) le manuscrit Farnèse soit ainsi défiguré, il faut dire qu'en un autre endroit (2) on lit : *Itaque in XII Tabulis cautum est, ut idem juris esset sanatibus quod forctibus, id est bonis, et qui nunquam defecerant a P. R.* (3). C'est en se fondant sur la combinaison de ces deux passages que Jos. Scaliger avait proposé la restitution adoptée par Niebuhr et par d'autres auteurs (4). O. Müller propose la restitution suivante : *Nexi solutique ac forti sanatique* (le tout au génitif), *idem jus esto.* Le sens des mots *fortus* et *sanas* était déjà incertain pour les anciens grammairiens et jurisconsultes ; mais l'on voit, par le compte que rend Festus de leurs différentes opinions, que les *nexi* étaient dans une sorte de parallélisme avec les premiers. Quoi qu'il en soit, ce mot *soluti,* intercalé par simple conjecture, ne peut être employé pour expliquer notre passage de Tite-Live. Si la restitution

---

(1) Qu. XIV, 25. Édit. Muller, p. 321.

(2) Qu. XV, 24, même édit., p. 348.

(3) Cf. Paul Diac., s. h. l. *Sanates dicti sunt, qui supra infraque Romam habitaverunt ; quod nomen ideo his et inditum, quia, quum defecissent a Romanis, brevi post in amicitiam, quasi sanata mente redierunt.*

(4) Cf. Dircksen, *Übersicht,* etc., p. 164-164.

de ces mots des XII Tables est exacte, il faut que *solutus* y désigne tout individu non appréhendé pour dettes, qu'il soit d'ailleurs obligé ou non ; car la soumission effective à ce genre de servitude pourrait seule faire naître des doutes sur la condition civile et politique du débiteur. Tite-Live donc, en parfaite harmonie avec Varron, comprend parmi les *nexi* les débiteurs rendant des services serviles, dans la maison du créancier. Eux seuls peuvent se plaindre : *domi a civibus* CAPTOS *et oppressos esse,* et demander LIBERTATEM *unicuique prius reddendam esse : ut pro patria civibusque, non pro* DO-MINIS *pugnent.*

L'on sait que la *plebs*, constamment déçue dans son espoir de voir adoucir le sort des *nexi*, finit par opérer une première retraite sur le Janicule. Les améliorations qu'elle conquit par là, suivant le récit de Denys (1), montrent qu'elle ne perdit pas de vue le véritable objet de ses griefs. On distingua, entre les débiteurs, les trois classes dont j'ai parlé. Aux premiers l'on remit leurs dettes ; aux seconds et aux troisièmes l'on rendit la liberté ; pour les derniers, après annulation préalable de la décision judiciaire. La mention expresse faite de cette circonstance prouve que la deuxième classe comprend les *nexi* et la troisième les *addicti*, tandis que la première renferme les débiteurs pour lesquels l'échéance n'est pas encore arrivée, ou contre lesquels aucune exécution n'avait encore été commencée. Pour empêcher les mêmes abus, à l'avenir, l'on devait, suivant les promesses faites à la *plebs*, rendre

---

(1) Tite-Live est ici beaucoup plus superficiel et plus incomplet. — V. Augustin, *de Civit. Dei.* II.

une loi particulière. Mais il me semble peu vraisemblable que l'on ait songé sérieusement, dès lors, à adoucir l'exécution rigoureuse et à supprimer le dur régime qui gouvernait les endettés. Plus tard, en effet, nous retrouvons des réclamations. Les XII Tables adoptent ce régime dans toute sa sévérité, et la loi *Pœtelia* le laisse encore subsister en partie, comme nous le verrons plus tard. La loi promise à la *plebs* par Menenius Agrippa ne fut donc pas en réalité proposée.

La création d'une magistrature spéciale pour la défense des droits du peuple, le Tribunat, apparaît aussi en corrélation intime avec la cause originaire du mouvement. Les tribuns devaient principalement, et avant tout, donner protection aux débiteurs contre la cruauté des créanciers, qui, en dehors du contrat, abusaient de leur droit sur la personne des insolvables. L'on ne voulait pas restreindre par là la liberté des contrats, mais introduire seulement une protection contre les abus et contre la barbarie, dans l'exercice de cette liberté. C'étaient donc encore les *nexi* que l'on se proposait de secourir, et certainement l'on n'avait pas alors l'intention de soustraire les *addicti* aux effets de la loi.

Dans le récit des troubles de même nature qui agitèrent Rome, depuis la première sécession jusqu'à la seconde, laquelle est racontée au XIe livre de Tite-Live, celui-ci ne mentionne plus expressément la distinction entre les *nexi* et les *addicti* ou *judicati*, si ce n'est à propos des événements qui amenèrent la *L. Pœtelia*. Dans le récit des troubles provoqués par T. Manlius Capitolinus et apaisés par sa mort, Tite-Live [1]

---

[1] Tite-Live, VI, 14 à 34.

ne parle que des débiteurs livrés aux créanciers par jugement. Le centurion dont Manlius paya la dette devant tout
le peuple est dit *pecuniæ judicatus,* et Manlius est désigné
par l'expression technique de *vindex libertatis.* Plus loin, il
excite les patriciens à lui disputer la faveur populaire *intercedendo, eximendo de nervo cives..., prohibendo* JUDICATOS AD-
DICTOS QUE DUCI (1). Plus loin, encore, Tite-Live raconte que
Manlius avait amené pour le défendre, au jour du jugement,
quatre cents hommes *quibus sine fœnore expensas pecunias
tulisset, quorum bona venire,* QUOS DUCI ADDICTOS PROHIBUISSET.
— De même, dans les troubles qui suivirent la mort de
Manlius, il n'est question que de débiteurs condamnés. Les
tribuns remontrent à la *plebs : quod si sit animus plebi memor
patrum libertatis, se nec* ADDICI *quemquam civem romanum
ob creditam pecuniam passuros.* — *Nam* ADDICEBANTUR *multi,*
poursuit Tite-Live ; mais les tribuns s'y opposaient, *neque*
DUCI ADDICTOS *sinebant.* Il est donc très-probable que dans les
traits suivants : *donec... sciat unusquisque quid sui, quid
alicui sit :* SUPERSIT SIBI LIBERUM CORPUS, AN ID QUOQUE NERVO
DEBEATUR, et PATRIBUS MINOR CURA CREDITÆ PECUNIÆ JURIS
EXSEQUENDI, Tite-Live ne songe également qu'à l'exécution
judiciaire et non à la saisie privée des *nexi.*

Après l'heureuse issue de la guerre de Préneste, les anciennes querelles recommencent. Pour gagner le peuple en faveur
d'une expédition contre les Volsques, les patriciens accor-
dent *ne quis quoad bellatum esset, tributum daret, aut* JUS

(1) Tite-Live, *Sup.* cit., VI, 15. Cf. V., 18 : *proinde adeste, prohibete
jus de pecuniis dici.*

DE PECUNIA CREDITA DICERET. Mais malgré cet adoucissement momentané, la misère croissait de jour en jour, *quod eo ipso quod necesse erat solvi, facultas solvendi impediretur. Itaque quum jam ex re nihil dari posset, fama et corpore* JUDICATI ATQUE ADDICTI *creditoribus satisfaciebant, pœnaque in vicem fidei cesserat.* En vue de cette misère, les tribuns Sextius et Licinius posaient sans cesse devant la *plebs* cette question : *an placeret fœnore circumventam plebem corpus in nervum ac supplicia dare : et gregatim quotidie de foro* ADDICTOS DUCI *et ubicumque patricius habitet, ibi carcerem privatum esse.*

Si, des termes employés dans tous ces récits, l'on voulait conclure que depuis la première sécession il n'y avait plus de *nexi*, l'on ne pourrait comprendre l'expression de *nexum inibant*, dans Tite-Live, VIII, 19, ni l'importance de la *L. Pœtelia.* L'on est donc porté à douter de l'exactitude juridique de l'annaliste, et à penser que sous ces *addicti* et *adjudicati* sont aussi compris les *nexi*, et notamment ceux dont la tradition aux créanciers était faite par l'intermédiaire du juge. Dans tous les cas, l'on ne peut rien conclure de cette circonstance contre l'exactitude de la définition du *nexus* donnée par Varron.

Dans les récits de Denys d'Halicarnasse, sur le régime des dettes, il y a beaucoup d'exactitude aussi, même sous le rapport juridique, comme le prouve son compte rendu des suites de la première sécession. C'est complétement à tort, du moins en général, que Niebuhr l'accuse d'avoir mal compris les annales latines et le droit romain ; d'avoir introduit dans l'histoire de Rome des idées singulières et des erreurs manifestes. La définition du *nexus* par Varron, et le caractère juridique

de cette espèce de servitude privée pour dettes, sont confir-
mées par Denys d'une manière évidente, et notamment par
les passages suivants.

Sous le consulat de S. Sulpicius et de M. Tullius, en 256
de Rome, selon Varron, des envoyés latins réussirent à gagner
à Tarquin un parti, parmi les plébéiens pauvres et endettés.
Denys désigne si clairement les *nexi* qu'il est impossible
de s'y méprendre. Les pauvres étaient mécontents, dit-il,
car les usuriers usaient immodérément de leurs droits sur
la personne des débiteurs ; ils les emprisonnaient et les char-
geaient de chaînes, comme ils en eussent usé avec des esclaves
achetés (1). Son récit ne contient pas la moindre trace de
l'exécution par le magistrat ; et ce silence ne provient pas
d'ignorance ou d'inexactitude ; car, à un autre endroit (V. 63
et suiv.), Denys distingue très-bien ces deux points. Lorsque,
sous le consulat de L. Lartius et de C. Clœlius, en 285 de
Rome, selon Varron, les débiteurs très-nombreux, menacés
de prise de corps par leurs créanciers, refusèrent de se faire
enrôler, le sénat délibéra sur les moyens d'apaiser le peuple.
Valérius, frère de Publicola, conseilla la remise entière des
dettes, et fit l'éloge des mesures prises par Solon, à Athènes,
en pareille occurrence. Appius Claudius ne voulait aucune
concession. Les opinions intermédiaires rapportées par Denys sont remarquables. La proposition faite par quelques-
uns de payer les dettes des pauvres, sur l'*ærarium*, a peu d'intérêt pour notre sujet. Une deuxième opinion est relatée par

---

(1) Οὐ γὰρ ἐμετρίαζον ἐν ταῖς ἐξουσίαις οἱ δανείζοντες, ἀλλ' εἰς δεσμοὺς τὰ τῶν ὑπογρέων
ἀπῆγον σώματα, καὶ ὥσπερ ἀργυρωνήτοις οὕτως ἐχρῶντο. Denys, V, 53, p. 970, Reiske.

Denys en ces termes (V, 69) : οἱ μὲν γὰρ αὐτοὺς μόνον ἀφεῖσθαι τῶν χρεῶν τοὺς μηδὲν κεκτημένους ἠξίουν, τὰ χρήματα ποιοῦντες ἀγώγιμα τοῖς δανεισταῖς, οὔ τα σώματα. — Troisième opinion (*ibid.*) : Ἐδόκει δέ τισι καὶ τῶν ἤδη κατεχομένων πρὸς τὰ χρέα, καὶ τῶν μελλόντων ἀφαιρεθήσεσθαι τὴν ἐλευθερίαν, ῥύσασθαι τὰ σώματα ἐκ τῶν αἰχμαλώτων, ἕτερα τοῖς δανεισταῖς διαμειψαμένους ὑπὲρ αὐτῶν σώματα. —Ces deux dernières opinions partent évidemment de l'idée d'un droit appartenant directement au créancier sur la personne du débiteur, droit pouvant être exercé, à l'échéance, sans l'intermédiaire du magistrat; c'est ce que confirment aussi les termes du sénatus-consulte que Denys rapporte : τέως δὲ μηδεμίαν εἰς πρᾶξιν εἶναι, μήτε συμβολαίου μηδενὸς, μήτε καταδίκης μηδεμίας..... μήτε τὰς ἀρχὰς διαγινώσκειν περὶ μηδενὸς, ἔξω τῶν εἰς τὸν πόλεμον ἀνηκόντων (1).

Quand, après la guerre, les tribunaux furent rétablis dans leurs fonctions et lorsque l'interruption des poursuites pour dettes fut levée, les anciennes dissensions recommencèrent. Pour les apaiser, le consul Servilius proposa l'alternative soit d'éteindre ou réduire les dettes, soit de défendre aux créanciers d'*abducere* les débiteurs en demeure : μάλιστα μὲν ἄφεσιν ἢ μείωσιν τῶν χρεῶν ... εἰ δὲ μήγε, κώλυσιν τῆς ἀπαγωγῆς τῶν ὑπερημέρων κατὰ τὸ παρόν (2). Appius Claudius voulait au contraire maintenir aux créanciers tous les moyens de recouvrer leurs créances : τῶν συναλλαγμάτων τὰς ἀναπράξεις ἐπιτρέπειν τοῖς δεδανεικόσιν, ἐφ' οἷς ἔμελλον δικαίοις ποιεῖσθαι, quelles que fussent les voies employées

---

(1) Denys d'Halic., *ib.*, V, 69, pag. 1013. Au commencement du VIᵉ livre, § 23 suiv., il rapporte d'autres faits qui complètent la démonstration.

(2) Denys, *loc. cit.*, VI, 23, pag. 1093. Reiske.

par eux pour contraindre leurs débiteurs à les payer (1). Les
expressions de Denys sont tout à fait décisives pour déterminer la position juridique des *nexi*. Un premier édit de Servilius, dont Tite-Live ne parle pas, statuait : μηδένα τῶν δανει-
στῶν ἐξεῖναι σῶμα πολιτικὸν πρὸς ἴδιον χρέος ἄγειν, ἕως ἂν ἡ βουλὴ περὶ
αὐτῶν διαγνοίη, τοὺς δὲ παρόντας, (c'est-à-dire les *nexi* présents,
échappés aux cachots), ὅποι βούλοιντο ἀδεῶς ἀπιέναι (2). Ce qui
est défendu ici, ce n'est pas l'exécution de jugements rendus
par le préteur, c'est uniquement l'exercice du droit reconnu
par contrat au créancier sur le corps du débiteur.

Ce point décisif, la concession contractuelle d'un droit sur
la personne, est spécialement noté par Denys un peu plus
loin. Le deuxième édit du consul établit qu'il est défendu
de retenir en prison privée aucun citoyen engagé pour
dettes, ni d'appréhender ses biens ou de les mettre en gage,
ni de saisir au corps la famille du débiteur, en vertu de
quelque contrat que ce soit, et d'empêcher que chacun ne
pût s'enrôler et prendre part à la guerre contre les Volsques; mais qu'il sera loisible aux créanciers de poursuivre
l'exécution de leurs contrats, quelles qu'aient été les conditions du prêt, contre ceux qui déserteraient les drapeaux :
ὅσοι δ' ἂν ἀπολειφθῶσι τῆς στρατείας, τὰς κατὰ τούτων πράξεις ὑπάρχειν
τοῖς δανεισταῖς ἐφ' οἷς ἕκαστοι συνέβαλον (3). Ces derniers mots indiquent les terribles clauses accessoires du *nexum;* par conséquent tout le contenu de la nuncupation, et notamment

---

(1) Denys, *loc. cit.*, § 24, pag. 1094.
(2) Denys, *loc. cit.*, § 26, pag. 1101.
(3) Denys, *loc. cit.*, § 29, pag. 1106.

la clause par laquelle le débiteur promet ses services serviles.
C'est dans le même sens qu'il faut entendre un discours du
sénateur P. Virginius (1). Je rapporte également à un contrat de ce genre les paroles d'Appius Claudius, lorsque, vou-
lant justifier la sévérité de ses principes politiques par la
mansuétude de sa conduite privée, il s'écrie : Où sont donc
ceux que j'ai réduits en servitude pour l'argent qu'ils me devaient ? Où sont les débiteurs que j'ai retenus dans les fers,
pour obtenir d'être payé ? Qui pourrait, à ma face, me re-
procher de l'avarice ou de la dureté ? Et il ajoute : J'ai prêté
de l'argent, il est vrai, à beaucoup de monde ; mais j'ai été
si peu exigeant que : οὐδένα τῶν ἀποστερησάντων μέ πρόςθετον
ἐποιησάμην οὐδὲ ἄτιμον, ἀλλὰ πάντες εἰσὶν ἐλεύθεροι ... Et il poursuit,
en disant qu'il n'entend pas accuser ceux qui agissent autrement que lui : καὶ οὐ λέγω ταῦτα κατηγορῶν τῶν μὴ τὰ παραπλήσιά
μοι πεποιηκότων, οὐδ' εἴ τινες νόμῳ συγχωρούμενόν τι ἔδρασαν,
ἀδικεῖν αὐτοὺς οἴομαι.... (2). Le mot νόμος ne signifie ici rien autre
chose que la *lex contractus*, par laquelle le débiteur promet
au créancier des services serviles. La distinction entre le
πρόσθετος et le ἄτιμος n'est également autre que celle existant
entre le *nexus* et l'*addictus ;* le dernier a perdu, le premier
est seulement en voie de perdre l'*existimatio.* Appius dit
donc : Ni par voie d'exécution judiciaire, ni en me fondant
sur une *lex contractus*, je n'ai jamais dépouillé de sa liberté
un de mes débiteurs, ni entaché sa réputation. Peu après (3)

---

(1) Denys, *loc. cit.*, § 37, pag. 1125.
(2) Denys, *loc. cit.*, § 59, pag. 1175.
(3) *Ibid.*, § 61, pag. 1178.

il distingue χρεῶν ἀποκοπὰς καὶ καταχριμάτων ἀφέσεις, c'est-à-dire
la remise des dettes et celle des condamnations.

Une expression qui revient constamment dans les récits de
Denys, c'est πίστις ἐπὶ συναλλαγαῖς correspondant à la *fides*
d'Aulu-Gelle et de Tite-Live (1). Cette *fides* ne comprend pas
seulement l'exécution du contrat principal, c'est-à-dire du
mutuum, mais encore, et tout autant, les obligations con-
senties pour sa garantie, et spécialement la contrainte par
corps conventionnelle. Il est remarquable qu'après avoir
exposé le régime des dettes avec tant de soin et d'exactitude
jusqu'à la première sécession, Denys ne s'en occupe presque
plus ultérieurement. La révolution que le régime des dettes
subit par suite de la sécession de la plèbe est racontée
par l'historien grec avec les détails les plus précis; mais
après cette époque, cet objet est complétement relégué à
l'arrière-plan, dans les livres suivants de son histoire, et
c'est pour nous une lacune fort regrettable.

Des récits des deux historiens, grec et latin, l'on peut
donc conclure, avec toute certitude, qu'il y avait une exécution sur la personne, une détention privée, arbitraire, et le
plus souvent violente, toute différente de la servitude judiciaire et vraiment exécutoire. Cette détention était motivée
seulement sur le contrat dont elle était l'exécution simple et
naturelle; elle n'avait pas d'autre agent, d'autre juge que le
créancier lui-même : la puissance publique n'ayant point encore, à cette époque reculée, donné cette garantie à la liberté
individuelle, de réserver à la justice l'autorité en vertu de

---

(1) Tite-Live, VI, 11 et suiv., 41 et suiv.; VIII, 28 et suiv.

laquelle les contrats sont mis à exécution. L'exécution privée était une conséquence immédiate du *nexum*, et les individus placés sous le coup de cette espèce de servitude pour dettes, étaient appelés *nexi*.

§ V.

DE LA CONDITION DE L'*ADDICTUS*.

Avant d'aller plus loin, il est indispensable de déterminer quelle était la condition civile de l'*addictus*, dont nous avons déjà parlé, et que tant d'auteurs ont confondue avec celle du *nexus* (1).

La loi des XII Tables contenait les dispositions suivantes (2) : Si un prêt d'argent est avoué (devant le magistrat), ou si une condamnation judiciaire est prononcée pour cette cause, le débiteur a encore un délai de trente jours. S'il ne paye point dans ce délai, le créancier peut lui mettre la main dessus (*manus injectio*), et le conduire devant le magistrat. Alors, le débiteur peut encore obtenir sa liberté, en payant sur-le-champ ou en donnant un *vindex* qui se charge de la dette : autrement, le créancier a droit de l'emmener et de le mettre aux fers. Si, dans les soixante jours qui suivent, le payement ne

---

(1) Entre autres Heineccius, *Antiq. rom.*, III, tit. 29, § 2, éd. de Mühlenbruch ; — Saumaise, *De modo usurarum*, c. 18 ; — Hotoman, *Quæst. illust.*, 26 ; — Neuhaus, *loc. cit.* ; — Dirksen, sur la table d'Héraclée, p. 105 et suiv.; — Heusde, *loc. cit.*, etc.

(2) Aulu-Gelle, XX, 1; XV, 3. Cf. Dirksen, Fragments des XII Tables, p. 234.

s'effectue point encore, le créancier peut le mettre à mort
ou le vendre à l'étranger comme esclave. C'est ainsi qu'Aulu-
Gelle nous expose le contenu de la loi, dont il emploie même
les termes propres en grande partie. Gaius ajoute à ces données un renseignement important, en nous faisant connaître
la formule solennelle usitée pour la *manus injectio* (1); mais
son exposition est incomplète. D'abord, on pourrait croire
que le débiteur était immédiatement conduit en prison,
tandis qu'il résulte des termes de la loi (2) qu'il devait auparavant être de nouveau conduit devant le magistrat (*in jus*),
lequel prononçait L'ADDICTION (3). Ce point est essentiel : car,

---

(1) Gaius, IV, 21, et *supra*, pag. 450.

(2) Gellius, *l. c.* « *Post deindè manus injectio esto, in jus ducito.* »

(3) Gellius, *l. c.* « *Post deindè, nisi dissolverant, ad prætorem vocaban-*
» *tur; et ab eo, quibus erant judicati*, ADDICEBANTUR. » Ce point a été con-
testé par M. Huschke. Selon lui, le *judicatus* était saisi après *XXX dies
justi*, conduit devant le préteur, et *abductus* par le plaignant, s'il ne se
présentait pas un *vindex*. Mais les XII Tables n'exigeaient pas, dit-il, qu'il
fût adjugé (*addictus*) par le préteur au demandeur. L'*addictio* ou *adjudica-
tio*, en usage postérieurement, date d'une époque où le pouvoir suprême
de l'État, dans la poursuite du droit, ne résidait plus dans le plaignant
lui-même, mais dans le préteur. Jusqu'alors l'*abductio* du *judicatus* avait
son fondement dans le droit résultant de la *confessio in jure* ou de la *res
judicata*; et pour que le créancier pût saisir la personne du condamné, il
ne fallait plus qu'un nouvel acte public, l'appréhension par la *manus* devant le préteur, en exprimant le fondement juridique de l'action. Le fondement de l'action était le même pour le *nexus* et pour le *judicatus*, savoir, le *Damnas esse*, en vertu d'un *gestum* public; avec cette différence
que pour le *nexus* il reposait sur un contrat solennel, émané du droit public, et pour le *judicatus* sur un quasi-contrat également public, la *confessio in jure*. Cette théorie savante de M. Huschke me semble condamnée

par là seulement, l'intervention d'un *vindex* devenait possible. En second lieu, on pourrait dire, d'après les expressions de Gaius, que la *manus injectio* était la suite de toute
condamnation judiciaire (*pro judicato*); mais en réalité elle
ne s'appliquait qu'aux condamnations dont parlait la loi des
XII Tables (sur laquelle seule Gaius la fonde), c'est-à-dire à
l'*æs* ou *pecunia credita* (1). De même encore on pourrait
prendre à la lettre l'expression *judicatus,* et ne l'appliquer
qu'au débiteur condamné, et non à celui qu'il a avoué; mais
il faut ici se souvenir de l'ancienne règle : *confessus pro judicato est ;* il est même très-possible que telle ait été longtemps
son unique signification (2). En vertu de cette règle, il faut,
partout où il est fait mention du *judicatus*, sous-entendre le
confessus. — Quels étaient donc, à proprement parler, les
addicti?

Au premier abord, on se figure les *addicti* comme réduits
effectivement à la condition des esclaves; mais, d'après la loi
des XII Tables elle-même, l'état de servitude définitive ne
pouvait être réalisé que par la vente du débiteur; et, pour

---

par le texte d'Aulu-Gelle, que je viens de citer, et qui se rapporte évidemment au droit des XII Tables.

(1) Il faut aussi entendre avec la même limitation un autre texte de
Gaius, III, 173 : « *Est etiam alia species imaginariæ solutionis per æs et
» libram..... veluti si..... quid ex judicati causa debitum sit.* »

(2) L. 1., l. 6, pr. Dig., *de confessis.* Il n'est point invraisemblable que
l'application de cette règle aux autres actions ait été introduite, ou soit
devenue certaine, pour la première fois, par *l'Oratio D. Marci,* mentionnée dans la l. VI, § 6, Dig., *de confessis.*

les temps postérieurs, nous montrerons tout à l'heure la différence qui existait entre ces deux conditions.

On pourrait, avec beaucoup plus de vraisemblance, supposer, comme résultat de l'addiction, la même condition qui
résultait de la vente d'un fils par son père, le *mancipium*.
Alors l'addiction aurait emporté une *minima capitis deminutio* (1); la fortune entière du débiteur, quelle que fût sa valeur,
aurait passé immédiatement en la propriété du maître; tout
ce que le débiteur aurait pu acquérir par la suite devien-
drait également la propriété de ce maître (2); ses enfants pas-
seraient avec lui sous la même dépendance légale. Telle est
en effet l'idée que l'on se formait de la condition dans laquelle
serait tombé le débiteur par suite du *nexum* d'après le système
de Niebuhr que nous avons réfuté; mais quelque vraisemblable
qu'il puisse paraître de considérer la condition légale des *addicti* comme étant semblable au *mancipium,* nous devons cependant rejeter cette opinion. Gaius limite d'une manière si
exclusive le *mancipium* au cas de vente par un père ou par un
mari (3), qu'une application de cette condition de droit à
l'état des *addicti* serait tout à fait inconciliable avec l'exposé
qu'il en donne. Les XII Tables disaient déjà d'ailleurs que
l'*addictus* pouvait vivre de son bien (4) : son bien n'était donc
point devenu la propriété du créancier. Ulpien dit de même
que l'*addictus* peut continuer et accomplir une prescription,

---

(1) Gaius, *comment., lib.* I, § 162.
(2) Gaius, *lib.* II, § 86; — Ulpien, tit. XIX, § 18.
(3) Gaius, I, § 117-118-119ᵃ. — De même Ulpien, tit. XI, § 5.
(4) *Si volet suo vivito.* Aulu-Gelle, *loc. cit.*

et rendre nécessaire par là une restitution en entier, parce que, de même que l'absent, il n'aurait pu se défendre en justice (1) : il acquérait donc pour lui et non pour son maître. Enfin il n'est jamais parlé, à l'occasion de sa mise en liberté, de manumission ni de patronat, et cependant la manumission et le patronat avaient lieu pour le *mancipium* comme pour l'esclavage. Le seul point, dans les sources du droit, qui indiquerait le *mancipium*, est ce qui est écrit, que l'*addictus* peut être volé au créancier (2) ; mais cette *judicati subreptio* ne peut être considérée que comme une anomalie isolée, ou comme un fait improprement qualifié (3).

Quintilien nous offre réunis quelques traits particuliers de la condition des *addicti*, en énumérant les différences qui la distinguent de celle des esclaves (4). Il place la première

---

(1) L. 23, pr. Dig. *ex quib. causis maj.* (IV, 6).

(2) Gaius, III, 199.

(3) Zimmern, *loc. cit.*, p. 127, a le premier démontré d'une manière convaincante que l'état du débiteur adjugé n'était pas la *mancipii causa*.

(4) Quintilien, *Instit. orat.*, liv. VII, ch. 3, p. 620, éd. Burmann. Le rhéteur romain nous transmet, en ce lieu, des notions trop importantes sur une matière que nous avons déjà touchée, pour ne pas rapporter ici son témoignage : *Circa propria ac differentia magna subtilitas*, dit-il : *ut cum quæritur, an addictus, cui Lex* SERVIRE, *donec solverit, jubet, servus sit : altera pars finit ita :* SERVUS EST QUI EST JURE IN SERVITUTE. *Altera, qui in servitute est, eo jure, quo servus : aut, ut antiqui dixerunt, qui servitutem servit. Quæ finitio etiamsi distat aliquo, nisi tamen propriis et differentibus adjuvetur, inanis est. Dicet enim adversarius, servire eum servitutem, aut eo jure quo servum. Videamus ergo propria differentiaque liberorum. Servus cum manumittitur*, etc. Cf. liv. V, ch. 10 ; l. III, c. 6, p. 414-244.

13

différence en ce que : *servus cum manumittitur, fit liberti-
nus, addictus recepta libertate, est ingenuus.* Évidemment,
il évite à dessein, pour ce qui concerne l'*addictus*, de parler
de manumission ; et remarquons ici que ce qui est dit de
l'*addictus* est exactement applicable au *nexus carcere aut
ferro liberatus.* — Deuxième différence : *Servus invito do-
mino libertatem non consequetur, addictus, solvendo, citra
voluntatem consequetur.* Ce nouveau trait est encore applicable au *nexus.* Du reste, cela se rencontre aussi en une certaine manière dans le *mancipium* (1). — Troisième différence : *Ad servum nulla lex pertinet ; addictus legem habet.*
Nous voyons cette maxime appliquée aux *nexi* en plus d'une
occasion. Ceci s'accorde encore avec la règle que le maître d'un
mancipatus ne peut le maltraiter sans s'exposer à une action
d'injures (2). — Quatrième différence : *Propria liberi quæ
nemo habet nisi liber, prænomen, nomen, cognonen, tribum :
habet hæc addictus.* Ce qu'il y a de surprenant ici, c'est la
conservation de la *gens* et de la tribu ; car on ne peut pas
douter que l'*addictus* ne fût noté d'ignominie, puisque la
vente des biens, même sans addiction, produisait cet effet (3).

Cette description de la condition des *addicti,* telle que nous
la donne Quintilien, se réfère évidemment à la forme adoucie que ce rapport de droit avait prise, depuis la loi *Pœtelia,* soit en vertu des prescriptions mêmes de cette loi, soit

(1) Gaius, I, 140 ; — *Coll. L. L. mosaic.*, II, § 3.
(2) Gaius, I, 141. Cf. Valère-Maxime, VI, 1, 6.
(3) Gaius, II, 154. *Tabula Heracleensis*, l. 113 à 117 *inf. cit.* Comparez
aussi Niebuhr, I, 642 ; Denys d'Halic. cité *sup.*, pag. 463 ; et ma dissert.
sur la gentilité romaine, dans la *Revue de législation*, décembre 1846.

par les développements que son exécution reçut par la suite.

En résumant tous ces points particuliers, on peut dire : L'*addictus* n'était dans aucun des rapports de dépendance réglés par l'ancien droit romain, et que l'on désigne sous les noms de *potestas, manus, mancipium.* Son état était encore une servitude de fait; l'*addictus* subissait l'emprisonnement avec contrainte au travail; mais sa sujétion ne peut être ramenée à aucune des grandes conditions de droit qui sont déterminées dans nos textes classiques.

La situation vague de cette condition des débiteurs se révèle encore dans quelques traits qui s'y rattachent; par exemple, la question de l'état des enfants de l'*addictus.* On a supposé, avec vraisemblance, que l'émancipation fut principalement pratiquée, à Rome, par les débiteurs obérés, pour soustraire leurs enfants au danger de partager leur servitude; on peut ajouter que ce fut aussi pour sauver les enfants du danger de subir la solidarité des dettes, auxquelles ils devaient être soumis, après la mort du père, comme héritiers nécessaires; car le *jus abstinendi* du droit prétorien appartient certainement à une époque plus récente. Quintilien demande, en un autre endroit : *an is quem, dum addicta est, mater peperit, servus sit natus* (1)? Et il ne résout point la question. Évidemment, il prend ici, comme bien d'autres, le mot *servus* dans une acception impropre pour désigner l'état d'un *addictus,* état qui cependant, d'après l'exposition exacte qu'il en donne lui-même, ne devrait point être appelé de ce nom. Le doute que pouvait offrir la question s'explique

---

(1) Quintilien, III, 6, p. 244, édit. cit.

précisément par la nature indéterminée de la condition
de l'*addictus*. Il est à croire, d'après un récit de Tite-
Live, noté plus haut, que les enfants tombaient avec
leur père dans cette sorte de servitude ; car cet historien
rapporte une dérogation faite à cette règle dans une circonstance particulière (1). Du reste, il existe aussi, pour ce qui
concerne le *mancipium*, du doute et des difficultés sur la condition des enfants (2).

Enfin il faut rechercher quel était le sort de la fortune du
débiteur *addictus*. Nous avons déjà démontré qu'elle n'é-
tait point dévolue immédiatement et en totalité au créancier,
comme si le débiteur fût devenu son esclave ou son *mancipatus ;* mais c'est une tout autre question que celle de
savoir si une exécution du jugement de condamnation ne
pouvait point être pratiquée directement sur les biens du
débiteur, avant ou après l'addiction. C'est ce que récemment
on a nié d'une manière absolue : on a supposé que le débiteur solvable lui-même n'aurait point pu être forcé directement au payement, et que la rigidité de l'ancien droit des
dettes avait pour objet de faire plier l'opiniâtreté et l'avarice
des débiteurs ; que la loi *Pœtelia* aurait la première introduit l'exécution sur les biens (3). — Je ne puis adhérer à

---

(1) Tite-Live, II, 24 : *Ne quis militis donec in castris esset... venderet
liberos ;* et VIII, 28 : *Cum se C. Publilius ob œs alienum paternum nexum
dedisset.* Il est vrai que Publilius pouvait être obligé aux dettes de son
père, comme héritier nécessaire.

(2) D'après Gaius, I, 135, l'état des enfants était en suspens, *pen-
debat*, en plusieurs cas.

(3) Niebuhr, II, 670-671 ; III, 179-180 ; — Zimmern, III, p. 129.

cette opinion. Premièrement, il est tout à fait incroyable que le débiteur condamné pût posséder des maisons, des *villæ*, des chevaux, des esclaves, et même de l'argent comptant, sans que l'on pût en faire la saisie. Si l'on veut considérer, comme un obstacle à l'exécution sur les biens, le respect des Romains pour la propriété, nous reconnaîtrons que ce respect de la propriété existait en effet; mais le respect de la personne, de la liberté et de la vie était-il moindre? Et cependant la loi des XII Tables avait passé outre : elle dut, par conséquent, épargner bien moins encore la propriété. Le texte de Tite-Live : *pecuniæ creditæ bona debitoris non corpus obnoxium esset,* ne fournit aucune preuve en faveur de cette opinion; car ces expressions n'impliquent point qu'aucune exécution sur les biens n'ait pu être exercée avant la loi *Pœtelia.* Je ne puis donc croire, avec Niebuhr, que la *mancipation* de la personne elle-même fut, avant la loi *Pœtelia*, le seul moyen d'atteindre la fortune du débiteur, et que l'autorité judiciaire fût impuissante pour isoler la propriété du propriétaire, et pour la saisir comme garantie des engagements de ce dernier. Cette indivisibilité de la terre libre et de l'homme libre, cette impossibilité de reporter sur la fortune l'engagement de la personne, appartient à la poésie et non à l'histoire; il n'était donc nullement besoin de donner au consul ou au préteur des pouvoirs spéciaux pour ordonner l'exécution sur les biens, parce que le droit général et incontestable de leur charge suffisait pleinement à cette fin. Tout magistrat avait déjà le droit de forcer à l'obéissance envers lui-même, dans le cercle de ses fonctions. A ce but se réfère le droit de la MULCTA qui est de toute ancienneté, et le droit aussi ancien de la *pignoris capio.* Le magistrat pouvait

ainsi saisir, à titre de gage, les choses de quiconque lui refusait obéissance, soit pour effrayer seulement, soit pour faire
vendre les choses saisies et en employer le prix au payement
de la *mulcta*, ou à d'autres objets. Cette *pignoris capio* des
magistrats diffère entièrement de celle du droit privé, l'une
des cinq formes de *legis actio* dans la procédure civile. C'est
à tort que Zimmern les confond. Ce droit était exercé, par
exemple, par le magistrat qui avait convoqué le sénat, contre
les sénateurs qui ne se rendaient point à l'assemblée (1). Cela
posé, lorsqu'un juge avait, sous l'autorité du préteur qui le
nommait, condamné un débiteur, et que celui-ci ne payait
point volontairement, le préteur pouvait le forcer à l'obéissance, en faisant saisir son numéraire et vendre ses autres
biens (2); il pouvait même saisir et faire vendre ses immeubles. C'est un droit appartenant, de toute ancienneté, aux
magistrats chargés, à Rome, de l'administration de la justice.
Il s'en trouve un exemple dans Tite-Live, longtemps avant
la loi *Pœtelia* (3).

   Le droit du créancier sur les biens du débiteur a donc
toujours existé, et la contrainte de la personne ne fut introduite qu'à titre d'auxiliaire ou de collatérale de la con-

---

   (1) Voyez, sur ce droit, en général, Aulu-Gelle XIV, 7; et un cas où
il est appliqué, du temps des décemvirs, dans Tite-Live, III, 38.

   (2) Le *Pignus in causa judicati captum*, ancien droit des magistrats, est
encore, à une époque plus récente, la forme ordinaire de l'exécution. —
Voy. Savigny, *Schuldrecht*.

   (3) *Ne quis militis.... bona* POSSIDERET *aut venderet*, etc.; Tite-Live, II,
24. Il s'agit évidemment ici d'une *possessio*, ou *missio in possessionem*,
pareille à celle dont il est parlé dans la loi de la Gaule cisalpine.

trainte sur les biens. Mais la contrainte contractuelle sur la
personne, par la voie du *nexum*, offrant d'évidents avan-
tages aux créanciers, cette voie d'exécution fut préférée à
l'expropriation, pour laquelle l'intervention du magistrat
était nécessaire; et le *nexum* personnel devint ainsi une des
branches les plus usuelles du droit pratique, tandis que le
droit relatif à la saisie des biens fut négligé.

Les constitutions des empereurs avaient maintenu la contrainte judiciaire sur la personne; l'*addictio* a survécu à toutes
les révolutions du régime des dettes, chez les Romains. Un
rescrit d'Alexandre Sévère (1) dit que la cession a pour effet :
ne judicati detrahantur in carcerem. Justinien dit aussi, à ce
même sujet : *omni cruciatu corporali remoto;* ce qui, dans le
langage boursouflé de la chancellerie byzantine, ne peut et
doit s'entendre que de l'emprisonnement. Du reste, l'insertion
dans la compilation de Justinien de tous les textes anciens à cet
égard, prouve bien que le droit romain était resté dans l'O-
rient ce qu'il était à Rome aux premiers siècles de l'empire.

Cependant nous trouvons une constitution sévère de Zénon
contre les prisons particulières (2). Mais ce qui est obscurément
désigné et prohibé comme une usurpation arbitraire de quelques particuliers, ne peut être confondu avec la procédure
ancienne et régulière contre les débiteurs, avec le *ducere
debitorem jussu prætoris.* La prohibition semble être diri-

---

(1) Const. 1, cod. VII, 71, de l'an 223.— Const. 7, *ibid.*, de l'an 531.
(2) C'est la const. 1, liv. IX, tit. 5, au code de Justinien. Ses prohibitions sont reproduites dans deux actes de ce dernier empereur, rapportés
au même titre ; et ces actes justifient complétement l'explication que nous
donnons.

gée plutôt contre une sorte de juridiction privée que quelques grands voulaient s'arroger dans leurs vastes possessions. Cette loi ne contient donc ni une abolition générale de la contrainte personnelle, ni une transformation de son essence, par la substitution d'une prison publique à la prison privée, substitution dont on ne trouve aucune trace dans les sources du droit; à telles enseignes que l'emprisonnement privé, pour dettes non payées, est encore le droit commun du moyen âge, dans les pays où le droit romain avait le mieux conservé son autorité (1). Dans ce cas, pourtant, un progrès a été obtenu, l'intervention du magistrat.

Quelques autres constitutions, qui interdisent l'emprisonnement et la punition corporelle des débiteurs, sont encore moins susceptibles de donner naissance à des doutes (2). Car ces constitutions ne concernent point tous les débiteurs en général, mais seulement les débiteurs du fisc, pour cause d'impôt : la contrainte par corps n'avait jamais été légalement étendue à cette sorte de dette, et elle n'y pouvait avoir été appliquée que par le zèle outré des employés, que ces constitutions eurent précisément pour but de réprimer.

L'objection la plus spécieuse serait tirée d'un rescrit de Dioclétien, où nous lisons : *ob æs alienum servire liberos creditoribus jura compelli non patiuntur* (3). Cette constitution

(1) Voy., à ce sujet, un statut remarquable du douzième siècle, rapporté par Catel, *Hist. des comtes de Tolose*, p. 226; les chartes du tom. 2 de mon *Hist. du dr. franç. au moyen âge*, et Dom. Balde, *de carceribus*.

(2) Const. 3. *Cod. Theod. de exact.* (11. 7), et c. 7. *eod.*—La première de ces lois se trouve aussi dans le Code de Justinien, const. 2, *de exact.* (10. 19).

(3) Const. 12, *Cod. de obl. et act.* (IV, 10).

semble interdire aux créanciers de tenir en prison et de faire travailler des hommes libres, leurs débiteurs. Si les termes dans lesquels elle est conçue indiquaient l'introduction d'un droit nouveau, cette interprétation serait par elle-même vraisemblable, et il ne resterait plus qu'une difficulté, grave d'ailleurs, celle d'expliquer comment, après cela, Justinien aurait pu admettre, dans le Digeste et le Code, de si nombreux témoignages de l'exercice permis de la contrainte personnelle, et comment il aurait pu lui-même, dans ses propres lois, y faire allusion comme à une pratique légalement admise. Mais ce qui nécessite absolument une autre interprétation, c'est cette circonstance décisive, que Dioclétien n'entend point prescrire rien de nouveau, mais simplement rappeler un point de droit déjà reconnu (*jura..... non patiuntur*). Il se réfère donc à une règle de droit certaine, ancienne et connue, et dès lors il devient nécessaire de rapporter ce mot *liberos,* non point aux hommes libres en général (les débiteurs), mais aux enfants du débiteur (*liberos debitoris*). Nous avons déjà remarqué que l'état des enfants du débiteur *addictus,* était jadis indécis et douteux. Ce rescrit semble reconnaître que la question aurait été décidée depuis longtemps en faveur de la liberté des enfants. Peut-être cependant ne le fut-elle point encore d'une manière péremptoire, puisque Justinien jugea nécessaire de protéger la liberté des enfants du débiteur par des lois pénales (1).

---

(1) *Nov.* 134, c. 7. De cette novelle est extraite l'auth. *immo* mise à la suite de la const. 12, *Cod. de obl. et act.* Il paraît, d'après cela, qu'Irnerius rapportait déjà cette loi aux enfants ; et cette explication se trouve aussi chez Accurse et ses successeurs, mêlée, à la vérité, à d'autres interprétations.

La dernière partie de ce fragment des XII Tables est si inhumaine, que l'on a souvent fait des efforts inutiles pour en adoucir le sens par une habile interprétation. Le texte d'Aulu-Gelle s'exprime ainsi : *At nisi pacti forent, habebantur in vinculis dies sexaginta; inter eos dies, trinis nundinis continuis, ad prætorem in comitium producebantur, quantæque pecuniæ judicati essent prædicabatur. Tertiis autem nundinis capite pœnas dabant, aut trans Tiberim peregre venum ibant. Sed eam capitis pœnam sanciendæ, sicut dixi, fidei gratia, horrificam atrocitatis ostentu, novisque terroribus metuendam reddiderunt. Nam si plures forent, quibus reus esset judicatus, secare, si vellent, atque partiri corpus addicti sibi hominis permiserunt; et quidem verba ipsa legis dicam, ne existimes invidiam me istam fortè formidare.* TERTIIS. *inquit,* NUNDINIS. PARTIS. SECANTO. SI. PLUS. MINUS. VE. SECUERUNT. SE. FRAUDE. ESTO. *nihil profecto immitius, nihil immanius : nisi ut reipsa apparet, eo consilio tanta immanitas pœnæ denunciata est, ne ad eam unquam perveniretur* (1).

Les discussions qui se sont élevées entre les érudits et les jurisconsultes, à l'occasion de ce texte fameux, sont connues de tout le monde, et rapportées partout. Nous nous abstiendrons de les reproduire. Nous avons partagé nous-même l'incrédulité de beaucoup de bons esprits à cet égard, et nous avons voulu expliquer, par la *sectio bonorum*, la terrible menace de la loi. Mais, en y réfléchissant mieux, il nous a paru que cette affreuse loi était tout à fait conforme au génie de l'antiquité; le jurisconsulte Cœcilius se hâte de déclarer,

---

(1) *Noct. Att.,* XX, 1, et *ibi*, les Comment.

dans Aulu-Gelle, qu'elle n'était qu'un moyen de terreur employé pour réduire les débiteurs de mauvaise foi. Il est certain que nous n'avons aucun indice qu'elle ait jamais été mise à exécution, car un fait de ce genre eût fourni un très-plausible texte aux harangues des chefs de faction, dans Tite-Live. Il est vraisemblable que cette disposition cruelle fut abrogée par une nouvelle loi, ou plutôt repoussée par le *consensus publicus*. Ni Tite-Live ni Denys n'en parlent, quoique la condition des débiteurs les ait fort préoccupés. Mais il est impossible de contester la réalité de la disposition législative elle-même. Quintilien (1), Aulu-Gelle (2) et Tertullien (3) l'ont rapportée, et ce n'est point en se copiant l'un l'autre. Enfin, ce qui tranche la question, un des historiens les plus graves de l'antiquité, Dion Cassius, a consigné ce fait dans son histoire ; et ce témoignage précieux, inconnu à nos devanciers, exhumé de nos jours par un admirable érudit, ne laisse plus aucun élément de négation sérieuse à la critique historique (4).

---

(1) *Inst. Orat.*, III, 6, § 84. *Sunt enim quædam non laudabilia natura, sed jure concessa, ut in XII Tabulis debitoris corpus inter creditores dividi licuit, quam legem mos publicus repudiavit.* Voy. *ibi* Spalding.

(2) Cicéron ne fait-il pas allusion à l'ancienne signification de *sectio*, quand il dit (*Pro Roscio Amer.*, 29) : *Nescimus, per ista tempora, eosdem fere sectores fuisse collorum et bonorum*, en parlant des proscriptions ?

(3) Tertullien, *Apolog.* IV, éd. Haverc.: *Sed et judicatos retro in partes secari a creditoribus leges erant : consensu tamen publico crudelitas postea erasa est, et in pudoris notam capitis pœna conversa, bonorum adhibita proscriptione.*

(4) Πλείστων γοῦν δεινῶν τοῖς Ῥωμαίοις αἰτία ἡ τῶν δυνατωτέρων ἐς τοὺς ὑποδεεστέρους ἀκρίβεια ἐγένετο· ἄλλα τὲ γὰρ πολλὰ κατὰ τῶν ὑπερημέρων αὐτοῖς ἐδέδοτο· καὶ εἰ δή τινες πλείους δεδανεικότες ἔτυχον, κρεουργηδὸν αὐτοῦ τὸ σῶμα πρὸς τὸ μέρος ὧν ὤφειλε ἐξουσίαν

« La dureté des riches envers les pauvres fut, pour Rome, dit l'historien grec, une source de malheurs. La loi donnait des droits exorbitants contre ceux qui ne se libéraient pas à l'échéance; et si un débiteur était obligé envers plusieurs créanciers, ils pouvaient mettre son corps en pièces et se le partager. Ce droit était consacré textuellement par la loi, mais il ne fut jamais mis en usage. »

Cependant, de nos jours encore, le doute a trouvé des défenseurs zélés (1); et M. Huschke, si bien nourri de l'esprit de l'antiquité, a défendu, avec insistance, l'interprétation d'une simple *sectio bonorum* ou *familiæ* (2) dans le texte cité. Quant à nous, nous n'y voyons que la barbare mais logique application du droit de vie et de mort donné au maître sur l'esclave, et au créancier sur le débiteur, dans les temps héroïques. Or, le débiteur était *addictus* au créancier dans un état de servitude de fait; il était comme son esclave; le créancier usait envers lui du droit commun. Ce droit était à peu près le

---

εἶχον κατανέμεσθαι· καὶ τοῦτο μὲν εἰ καὶ τὰ μάλιστα ἐνενόμιστο, ἀλλ' οὔτι γε καὶ ἔργῳ ποτὲ ἐγεγόνει. Voyez les *Fragm.* de Dion Cassius dans le t. II de la *Collect. script. vet.*, in-4°, de l'abbé Mai, p. 144, et dans le t. I de l'édition de Dion Cassius, publiée par M. Gros, p. 70 (Paris, 1845, Didot). Ce texte avait passé inaperçu, en France, jusqu'à ce jour. M. Gros est le premier qui l'ait remarqué; mais la plupart des écrivains étrangers et contemporains que j'ai cités, page 383, l'ont pris en considération.

(1) Voy. Berriat Saint-Prix, dans *les séances et travaux de l'Ac. des scienc. mor. et polit.*, t. V, pag. 163 et suiv., et Heineccius, *Antiq. rom.*, pag. 588, édit. citée.

(2) M. Huschke convient pourtant que l'opinion commune, sous l'Empire, était opposée à la sienne. Voy. pag. 89 et suiv. de son *Ueber das Recht des* NEXUM.

même chez les Grecs (1), moins la dureté propre au caractère romain. Et dans le moyen âge ne trouvons-nous pas des dispositions analogues? L'*obnoxiatio* des formules du VIe siècle ne rappelle-t-elle pas l'ancien esclavage de la dette et ses cruautés arbitraires (2)? L'assise de la haute cour de Jérusalem dit que le créancier peut *tenir son débiteur comme son esclaf.* Si l'on a mitigé, plus tard, cette législation, c'est par l'excommunication, c'est-à-dire par une commutation de peine; car l'excommunication est la peine de mort morale, la mort civile du moyen âge (3). Et le droit rigoureux du *nexum* ne semble-t-il pas avoir été le modèle de l'*obstagium* pour dettes, qui a été le droit commun de l'Europe pendant si longtemps (4), et qui n'a été aboli en Allemagne qu'à la fin du XVIe siècle (5)? L'*obstagium* ne donnait pas au créancier le droit de tuer le débiteur; mais il lui livrait son cadavre pour en disposer au gré de son odieux caprice. La nature

---

(1) Voy. Saumaise, *de modo usur.*, pag. 825 et suiv.; — et surtout les *Miscell. defens.*, pag. 312, où sont cités tous les textes. Cf. Wilpert, *de debit. obœrato, sec. J. heb. et attic.*, pag. 54 et suiv.

(2) Voy. Du Cange, édit. de Henschel, v° *Obnoxiatio.*

(3) Voy. les formules nombreuses d'excommunication pour dettes, qu'on lit dans le curieux et rare formulaire imprimé à Rome vers 1480, in-fol. goth., *sine tit. nec anno.*

(4) Voy. Du Cange, v° *Obstagium, Hostagium, Ostagium*, etc.; — Haltaus, v° *Gyselschaft, Inlager, Leisten ;* les anciennes coutumes d'Arles, dans le tom. II, 2, de mon *Hist. du dr. franç. au moyen âge ;* — le statut de Toulouse, cité *sup.*, etc.

(5) Voy. Schilter, *Praxis jur. rom. in foro german. sec. ord. pand.*, tom. I, pag. 96 et suiv. (éd. de 1733) — Mittermaier, *Grund. des gem. deuts. priv. R.*, § 279. — Eichhorn, *Deuts. priv. R.*, § 125.

civile de l'*obstagium* avait d'ailleurs une analogie frappante
avec le *nexum* (1), sans avoir la même origine.

On peut donc croire que le droit affreux des XII Tables,
en ce qui touche le partage du corps du débiteur entre les
créanciers, ne fut écrit que *terroris causa*, et qu'il ne fut jamais pratiqué ou qu'il fut de bonne heure abrogé : *quam legem mos publicus repudiavit*, dit Quintilien. A cette *sectio*
matérielle succéda la *sectio* fictive, c'est-à-dire, le partage du
prix du débiteur vendu, ou plus tard de ses biens subhastés ;
et c'est le dernier sens que ce mot a conservé dans la langue
du droit romain. Mais il est peu probable que, dans le texte
des XII Tables, la loi eût déjà cette signification dérivée. Le
silence de tous les jurisconsultes et de Tite-Live ne suffit pas
pour induire à le penser.

Toutes ces règles de barbare exécution relatives au *judicatus* s'appliquaient-elles également au *nexus ?* La négative
est généralement admise. Cependant, avec M. Huschke, je
penche pour l'affirmative ; la rigueur de mon système y conduit, mais je restreins l'assimilation à la période du droit primitif, et je crois être ici sur la voie de la vérité. Il est vrai
que Denys et Tite-Live paraissent assimiler en tout temps les
nexi et les *judicati ;* mais ces deux auteurs s'occupent plutôt du
point de vue politique de la question des dettes, que du détail de la position diverse des *nexi* et des *addicti.* Dans leur
plan, les deux catégories devaient se confondre ; cependant il

---

(1) C'est ce que montre exactement la savante digression de Schilter
sur l'*Obstagium*. Cf. Rheinwald, *de jure Obstagii*, *sec. us. Bern.* 1837,
Berne, in-4°.

est certain qu'Aulu-Gelle ne parle que des *judicati;* et, dans d'autres cas, nous voyons que les *nexi* sont l'objet de faveurs non accordées aux *judicati.* La pratique normale, indiquée par les textes, en matière de contrainte personnelle des uns et des autres, s'arrête partout, soit au travail du *nexus,* soit à la vente de l'*addictus;* on ne saurait nier que le débiteur n'était pas, pour cela, livré, sans défense, au caprice arbitraire du créancier; le moyen de coaction par le travail est brutal et barbare, mais il a un but intéressé, et l'on conçoit que la loi le protége. Mais le caprice et la cruauté sans but n'étaient ni protégés, ni même tolérés. Ainsi nous savons qu'un créancier qui voulut commettre un attentat à la pudeur sur la personne de son créancier incarcéré fut accusé juridiquement et condamné.

§ VI.

DE LA LOI *POETELIA.*

A cet état de choses se rattache l'importante loi *Pœtelia,* que Tite-Live rapporte à l'an 425 de Rome, et Varron à l'an 435 (1), et qui fut, selon le premier, l'époque du rétablissement de la liberté pour la *plebs* romaine: *eo anno plebi romanæ velut aliud initium libertatis factum est.* La détermination précise de l'objet et des résultats de cette loi se complique de diverses difficultés, pour la solution desquelles il importe d'avoir les textes sous les yeux.

---

(1) Tite-Live, VIII. 28. — Varron, *de Ling. lat.* VII. § 105, et *ibi* Muller.

Trois auteurs anciens rapportent des faits relatifs à cette loi.

Varron, après avoir défini le *nexum* des services serviles, *liber qui operas in servitutem*, etc. , ajoute immédiatement : *hoc, C. Poplilio auctore Visolo (Pœtelio) dictatore sublatum ne fieret et omnes qui bonam copiam jurarunt, ne essent nexi, dissoluti* (1).

Cicéron, faisant allusion à l'attentat de Papirius sur son débiteur Publilius, dit : *propter unius libidinem omnia nexa civium liberata, nectier que postea desitum* (2).

Enfin Tite-Live rapporte cet événement avec plus de détails. Il raconte l'audace effrontée du créancier, l'émeute occasionnée par les plaintes de la victime, et la résolution du sénat. *Victum eo die*, dit-il, *ob impotentem injuriam unius, ingens vinculum fidei : jussique consules ferre ad populum, ne quis nisi qui noxam meruisset, donec pœnam lueret, in compedibus aut in nervo teneretur. Pecuniæ creditæ, bona debitoris, non corpus obnoxium esset. Ita nexi soluti : cautumque in posterum ne necterentur* (VIII, 28).

Pour bien se rendre compte de l'objet de la *L. Pœtelia*, il faut ne point perdre de vue les principes que nous avons exposés. Elle n'interdit directement que cette clause de la nuncupation consistant dans la promesse des services ser-

---

(1) Ce texte est altéré par Muller dans la dernière partie de la phrase. Je le rétablis d'après les manuscrits et la leçon de Spengel (pag. 383). Cependant, ce dernier éditeur est moins heureux que Muller dans la restitution des premiers mots indiquant l'auteur de la loi. Évidemment ici c'est Muller qui est dans le vrai, et c'est lui que j'ai suivi en ce point.

(2) *De Republica*, II. 34. et *ibi* Creuzer.

viles, pour le cas de non-payement du capital ou des intérêts. Il est impossible d'indiquer plus clairement que ne l'a fait · Varron, cet objet de la loi; et les expressions dont se sert Tite-Live ne laissent également aucun doute sur ce point. Cette promesse du service servile, c'est précisément l'*ingens fidei vinculum* dont la plèbe triompha par cette loi; c'est le *necti* dont Tite-Live donne la prohibition comme la deuxième base de la liberté plébéienne. C'est cette promesse encore qui fait du corps du débiteur un *corpus obnoxium;* car ce mot, pas plus que le mot grec ἀῤῥυσίαστος, que Denys emploie dans le sens opposé, ne se rapporte à la servitude déjà encourue, mais bien plutôt à la simple soumission contractuelle, à la contrainte conventionnelle. Par suite, ces mots de Tite-Live, *pecuniæ creditæ bona debitoris, non corpus obnoxium esse*, ne peuvent être entendus d'une prohibition de l'exécution personnelle; mais, la nullité de cette promesse d'*operæ serviles* étant proposée par le sénat et adoptée par le peuple, sur la rogation du dictateur, les débiteurs qui se trouvaient engagés déjà dans cette exécution en furent libérés : *ita* NEXI *soluti;* et les promesses de services serviles déjà faites, mais non encore exécutées, furent remises aux débiteurs : *omnia* NEXA *civium liberata;* enfin toutes les promesses de ce genre que l'on pourrait faire à l'avenir furent déclarées nulles : *cautumque in posterum ne necterentur; nectier que postea desitum.*

Des deux sûretés affectées à un *mutuum :* de la garantie personnelle et de la garantie réelle, imposées tantôt séparément, tantôt concurremment, au débiteur, la première et la plus dangereuse fut écartée et interdite. C'est ce que Tite-Live exprime par ces mots : *pecuniæ creditæ bona debitoris.*

15

non corpus obnoxium esset ; ces mots paraissent non-seulement donner exactement le sens de la loi, mais encore en reproduire les propres expressions.

C'est probablement aussi, dans la loi elle-même, qu'ont été
pris les mots : *Ne quis nisi qui noxam meruisset, donec
pœnam lueret, in compedibus aut in nervo teneretur;* paroles
qui donnent lieu à deux questions : Quelles personnes sont
désignées par l'exception, *nisi qui noxam meruisset ?* Comment cette exception s'accorde-t-elle avec la suppression du
nexum, que Cicéron et Tite-Live représentent comme l'objet
principal de la loi ?

M. de Savigny a très-bien entendu le sens de cette exception, en établissant que l'usage des chaînes et du *nervus* était
interdit à l'égard de tout autre que les criminels condamnés
à mort. Ces derniers pouvaient, jusqu'à l'exécution du jugement, être gardés avec cette rigueur dans les prisons publi-
ques, dont Tite-Live parle souvent. Tel est le sens (1) des mots
donec pœnam lueret, qui désignent une personne réservée
au supplice, par suite d'un délit. Sauf cette exception, la *L.
Pœtelia* prohibait donc, de la manière la plus absolue, l'emploi
des moyens violents de cohibition, tels que celui des chaînes
et du *nervus.*

Quant à la deuxième question, les explications que nous
venons de donner montrent que la loi portait une dispo-

---

(1) *Niebuhr* l'a ainsi entendu. — *Dirksen* également ; mais il y fait une
addition que je n'adopte pas.—Dans l'édit de Tibère Alexandre, se trouve,
dans le même sens : εἰ μὴ κακοῦργος. *Voyez* le § 4 de la recens. de M. Rudorff,
dans le deuxième vol. du *Rhein. mus. f. philol.* Cf. Tite-Live, XXIII, 14 :
Qui capitalem fraudem ausi, quique pecuniæ judicati in vinculis essent, etc.

sition tout à fait distincte et indépendante de la suppression du *nexum*, à savoir, la simple abolition de la *nuncupatio operarum*, et un adoucissement dans le traitement des *addicti* pour dettes. Elle ne touchait pas à l'addiction elle-même, telle qu'elle avait été admise par les Douze Tables; elle ne supprimait pas non plus l'emprisonnement des *addicti;* elle abrogeait seulement la faculté donnée par les Douze Tables de charger de chaînes l'*addictus* (1). Les dispositions de la *L. Pœtelia* se réduisaient donc matériellement à deux réformes de la législation ancienne : abolition complète du *nexum operarum,* ou de la contrainte au travail pour dettes, et adoucissement de l'incarcération exécutoire du débiteur.

Mais ces dispositions, en apparence très-restreintes, avaient en réalité une portée plus profonde. La pensée de la loi était que le retard de payer, ou l'insolvabilité, n'étaient pas des délits publics; et, sous ce premier point de vue, Tite-Live a raison de dire que la loi *Pœtelia* fit révolution dans le droit romain. La pensée de la loi fut encore que la coaction par des moyens infamants ne devait être appliquée qu'à titre d'introduction à l'exécution capitale d'un détenu, et que le *judicatus* comme le *nexus,* étant dispensés de subir ce traitement préliminaire, étaient également affranchis de la conséquence cruelle qui lui était attachée; ce qui n'entraînait pas pourtant la suppression de la simple retenue en charte privée.

L'exception *nisi qui noxam meruisset, donec pœnam lueret,* se restreignait, conformément à cette idée, aux cri-

_____

(1) *Voyez* le texte cité d'Aulu-Gelle, XX, 1.

minels condamnés à mort, et retenus en prison jusqu'à l'exécution. On ne peut la rapporter aux *pecuniæ damnati*, ni
par conséquent aux *addicti,* car une pareille condamnation
transporta désormais la responsabilité de la personne engagée, *corpus obnoxium,* sur la fortune du débiteur, et changea
l'obligation délictuelle qui résultait du *nexum* ou de la *confessio,* en une obligation quasi-contractuelle (1). Et comme la
fortune seule dut désormais répondre de l'exécution du contrat
de prêt, la peine capitale, dernier terme de l'ancienne exécution personnelle, dut disparaître. Mais il est à remarquer
que, par rapport aux *bona debitoris*, la loi se borne à poser
un principe, laissant au préteur le soin et le droit d'en déterminer l'application. C'est encore une révolution dans le
droit civil romain.

Il y a plus : cette règle nouvelle de la loi, *pecuniæ creditæ
bona debitoris non corpus obnoxium esset*, entraînait en
quelque sorte la suppression de la *ductio* privée du débiteur retardataire ; en effet, le but usuel et pratique de
la *ductio*, au moment de la loi, étant la contrainte au
travail, l'abolition de la peine du travail forcé laissait
la *ductio* sans objet actuel ; c'est-à-dire qu'elle paraly-
sait l'exercice de l'exécution privée. On ne pouvait, en
vérité, supprimer les effets sans supprimer la cause. La
loi n'abolit pas le *nexum,* que nous retrouvons pratiqué
à des époques postérieures. Elle défendit seulement de
nectere la personne, mais elle ne prohiba point de *nectere*

---

(1) Cette explication, confirmée par Valère-Maxime, VII, 6, § 1, et par
Tite-Live, XXIII, 14 : *Pecuniæ judicati... noxa pecuniaque sese exsolvi
jussurum.*

la *pecunia credita*. Le *nexum* étant ainsi dépouillé de son
effet le plus important, il n'y avait plus de raison pratique
pour conclure avec des solennités spéciales un acte qui
pouvait se faire aussi utilement par une simple stipulation.
Cette substitution d'une forme contractuelle à une autre, est
encore une nouvelle révolution dans le droit civil romain.
L'abolition de l'exécution privée n'empêchait pas que le
préteur ne pût *addicere* (1) le débiteur; car l'intervention
du magistrat était, dans ce cas, une garantie suffisante; et
puis, l'addiction donnait à la contrainte le caractère de répression d'un délit constaté (*noxa*) : caractère qui se rencontre
souvent dans le fait d'insolvabilité; et puis encore la personne elle-même tombait, à certains égards, selon les idées
romaines, sous l'idée comprise dans le mot *bona* (2). Au sur·
plus, la modification profonde introduite par la loi *Pœtelia*
dans l'exercice du droit de *ductio*, de saisie privée, garanti
par les XII Tables, est prouvée par les dispositions diverses
de la loi de la Gaule cisalpine (3), dont M. de Savigny a le
mérite d'avoir le premier signalé la connexité avec notre
sujet.

L'on voit donc que la loi conserva entre le *nexum* et le
judicatum les principes d'analogie suivis par les XII Tables.

---

(1) *Addici namque nunc et vinciri multos videmus, quia vinculorum
pœnam deterrimi homines contemnunt.* Aulu-Gelle, XX, 1. Cf. Paul, V, 26,
§ 2. et fr. 23. Dig. IV. 6.

(2) C'est ce que l'on voit dans l'*Utilis legis Aquiliæ* actio et dans deux
cas exposés par Gaius, *Comment.* I, 140, et III, 199.

(3) *Voy.* le ch. 21 de cette loi dans Haubold, *Monumenta legal.*, p. 153;
la loi autorise la *ductio* par le créancier, dans le cas de *judicatum*, et ajoute :

Cependant il y eut cette différence essentielle que, pour le *nexum*, l'exécution privée disparut complétement, tandis que, pour le *judicatum*, elle trouva une sorte d'équivalent dans l'exécution prétorienne sur les biens.

Nos textes sont ainsi parfaitement d'accord sur les dispositions de la loi qui devaient régler l'avenir. Mais Varron ajoute une note très-remarquable à l'indication relative à la suppression de la *datio operarum*, et à la libération de ceux qui l'avaient souscrite par le *nexum*. Les manuscrits nous donnent à ce sujet le texte suivant : *et omnis qui bonam copiam jurarunt, ne essent nexi, dissoluti.* Ce n'est donc pas d'une manière absolue et sans distinction que les *nexa* existants durent être remis ; ce ne fut qu'à la condition du *bonam copiam jurare*. Les savants ne sont pas d'accord sur le sens de cette condition. Les uns admettent que la *L. Pœtelia* n'avait dissous le *nexum* qu'en faveur de ceux qui pouvaient jurer qu'ils avaient une fortune suffisante pour payer leurs dettes (1). D'autres prennent ici le verbe *jurare* comme en-

---

Quique eorum quem, ad quem ea res pertinebit, duxerit, id ei fraudi pœnæve ne esto. D'où la conséquence qu'il y avait *fraus* et *pœna* dans le cas de *ductio* privée.

(1) On lit les mots suivants dans les fragm. de la loi *Julia Munic.* publiée par Marezoll : QUEIVE. INJURE. AB. JURAVERIT. BONAM VE. COPIAM JURAVIT. JURAVERIT. QUEI. SPONSORIBUS. CREDITORIBUS VE. SUEIS. RENUNTIAVIT. RENUNTIAVERIT. SE. SOLDUM. SOLVERE. NON POSSE. AUT. CUM. EIS. PACTUS EST. ERIT. SE. SOLDUM. SOLVERE. NON POSSE. PRO VE. QUO. DATUM. DEPENSUM. EST. ERIT. QUOJUS VE. BONA. EX. EDICTO... POSSESSA. PROSCRIPTA VE. SUNT. ERUNT. ETC. Marezoll, *fr. Leg. rom. in av. Tab. Heracl.* Gott., 1816, pag. 143, et Haubold, *Monum. leg.*, pag. 123-124.

tièrement synonyme de EJURARE (1). Il en est ainsi notamment
de *M. Dirksen* (2), qui, dans les mots : *qui... creditoribus...
renuntiavit se soldum solvere non posse*, de la *Tabula Heracleensis*, ne voit rien autre chose qu'une addition explicative
des mots : *bonam copiam juravit.*

Selon cette opinion, il n'y aurait pas grande différence à
lire, dans le texte de Varron, *jurarunt* ou *ejurarunt*, comme
le veulent Brisson, Neuhaus et Zimmern. Mais ni l'une ni
l'autre de ces deux explications ne paraît s'accorder ni avec
la *L. Pœtelia* ni avec la *L. Julia municipalis*. L'obligation de
jurer qu'on possédait une fortune suffisante aurait condamné
à une continuation de servitude la grande majorité des *nexi*,
et n'aurait libéré que ceux qui, en raison de leur mauvaise
volonté, méritaient le mieux le cachot ; et l'autre explication,
selon laquelle on devait jurer qu'on ne pouvait payer, si elle
échappe à ce reproche, est contraire au texte littéral : *bonam
copiam jurare*. Je suis ainsi conduit à penser que le serment
ne portait pas sur la fortune suffisante ou insuffisante, mais
sur la confession complète et intégrale de la fortune que l'on
possédait ; de telle sorte que *copia* se rapportait non au
contenu de la fortune, mais à l'intention de mettre sa fortune à la disposition du créancier. C'est d'une manière analogue que nous voyons le mot *copia* appliqué au débiteur qui

---

(1) On trouve dans Cicéron : *tu autem quod mihi bonam copiam ejures*
(*Ep. ad. fam.* IX, 16), que P. Manuce et Saumaise expliquent dans le
sens de *jurare creditoribus se satisfacere non posse*. Saumaise, *de modo
usur.*, page 805, ajoute : *quod cum factum esset, persona debitoris pignori
capiebatur et creditori addicebatur.*

(2) Dirksen, *ad Tabul. Heracl. part. alt.*, page 105.

ne soustrait pas sa personne à l'action du créancier. D'après cette conjecture, ce que la *L. Pœtelia* exige du débiteur, c'est qu'après sa mise en liberté il ne soustraie au créancier aucun de ses biens, ou, en d'autres termes, qu'il consacre toute sa fortune à le satisfaire.

Il n'en faut pas conclure néanmoins que la *L. Pœtelia* ordonnât une *cessio bonorum*. Le débiteur n'abandonnait au créancier aucune partie de sa fortune. Il jurait seulement de ne pas en diminuer la substance illégalement, et de ne pas affaiblir ainsi la garantie de la dette (1). Mazocchi (2) me paraît donc aller beaucoup trop loin quand il rapporte le *bonam copiam jurare* à celui qui indique, sous la foi du serment, au créancier, toutes les parties de sa fortune, et qui lui en fait l'abandon. Cet abandon est une véritable *cessio bonorum ;* et la cession de biens, qu'elle ait été instituée par J. César ou par Auguste (3), est, dans tous les cas, étrangère à la *L. Pœtelia*. Dans l'explication que je propose, ce serment apparaît comme une compensation de la perte de la coercition personnelle résultant du *nexum*. De même qu'auparavant celle-ci rendait impossible, de fait, toute diminution illégale de la fortune, ou donnait le moyen de s'en indemniser, de même une promesse sous serment dut remplacer maintenant la garantie corporelle. Tout *nexus* d'ailleurs pouvait la donner,

_____

(1) Le *juramentum bonæ copiæ* ne diffère donc pas de celui qui est prescrit par Justinien au *bonis cedens*. Nov. 135.

(2) Mazocchi, Comment. sur la Tab. d'Héracl., p. 431-32.

(3) Voy. Stockmann, sur Bach, *Hist. jurisp. rom.,* pag. 193, édit. de 1807, et mon *Hist. du droit rom.* — Cf. Did. Herault, lib. II, *de rer. judicat. auct.,* dans le Trésor d'Otton, tom. 2, pag. 1283 à 1289.

que sa fortune suffît ou non pour le payement de la dette. Et c'est pour cela que Tite-Live et Cicéron ont pu attribuer, avec la plus entière exactitude, à la *L. Pœtelia*, la libération de tous les *nexi;* ce qu'ils n'auraient pu faire, si l'on admettait les autres explications présentées sur ce point.

Le *juramentum bonœ copiœ* a continué, d'ailleurs, d'être mis en application après la *L. Pœtelia*. La manière dont en parle la *L. Julia municipalis* montre qu'au début du viiie siècle de Rome il était encore fort usité. Mais quelle était alors son efficacité? Le rapport des dates empêche de songer à une cession de biens proprement dite, que cette loi aurait désignée par cette expression; car la loi sur la cession des biens est, dans tous les cas, postérieure à la *Tabula Heracleensis*. Probablement, le débiteur pouvait s'affranchir, par ce serment, de la servitude exécutoire et judiciaire pour dettes, tout comme, en vertu de la *L. Pœtelia*, il se libérait ainsi de la servitude contractuelle et du *nexum operarum*. Cette extension fut sans doute l'œuvre de la coutume. Les créanciers indulgents consentaient probablement à épargner, au moyen de ce serment, la peine de l'addiction aux débiteurs devenus insolvables sans qu'il y eût de leur faute (1).

Ainsi la *L. Pœtelia,* en introduisant le *juramentum bonœ copiœ,* avait donné la première impulsion à l'institution de la cession de biens, qu'Auguste n'a pas inventée, mais qu'il

---

(1) A cette coutume se rapporte vraisemblablement ce texte de Sénèque : *Quid tu tam imprudentes judicas majores nostros fuisse, ut non intelligerent iniquissimum esse, eodem loco haberi eum qui pecuniam quam a creditore acceperat, libidine aut alea absumpsit, et eum qui incendio, latrocinio, aut aliquo casu tristiore, aliena cum suis perdidit. De Benef.*, vii, 16.

a simplement organisée; le principe en étant déjà développé, dans ses points principaux, par une longue pratique. Cette combinaison trouve un appui considérable dans la corrélation établie par la Nov. 135, entre la *cessio bonorum* et notre explication du *juramentum bonæ copiæ* (1).

Plusieurs écrivains expliquent le *juramentum bonæ copiæ*, dans la *L. Julia municipalis*, par une loi *Popilia*, rendue par le questeur urbain C. Popilius, à l'époque de la dictature de Sylla. Cette loi doit avoir reproduit les dispositions, depuis longtemps tombées en désuétude, de la *L. Pœtelia*, mais en ajoutant que la prison pour dettes ne pourrait être évitée que par la prestation de ce serment. Neuhaus et récemment M. Dirksen ont surtout défendu cette idée. On a parlé (2), dans le même sens, d'un *beneficium ejurationis* introduit par Sylla; mais tout ce système ne repose que sur le texte corrompu de Varron, où, après Hérauld, Bach, Mazocchi et Niebuhr, Müller a reconnu la loi du dictateur *Visolus Pœtelius*.

Cicéron, dans son ouvrage sur la République et à propos de la *L. Pœtelia*, compare la sagesse du sénat romain à celle

---

(1) *Sancimus, ut nulli... magistratuum liceat cessionis bonorum gratia in angustias adducere aliquem ex iis, qui propter ea, quæ diximus, debita... conveniuntur... ut illi ad pœnam corporis evitandam rebus suis potius privari, nec cum inopiæ jugo et contumeliæ opprobrio, ad mortem usque premi malint. Jusjurandum autem... præstet, nullam sibi in rebus reliquam esse facultatem, neque aurum, unde debito satisfaciat.* Nov. 135, cap. 1. Trad. d'Osenbrüggen. Voy. P. de Carben, de *benef. cessionis; Argent.*, 1727, 2 p. in-4°.

(2) M. Dabelow, cité par M. Bachofen, pag. 110. — Cf. Dirksen, *Observat. ad Tab. Heracl.*, pag. 106 et suiv. (Berl. 1817, in-4°.)

de Solon, qui, peu auparavant, avait remédié, dans Athènes,
à une égale misère, par des mesures semblables. Cette circonstance a fait penser à Moser que l'objet principal de la
L. Pœtelia était une remise des dettes, comme celle ordonnée
par Solon. Ce genre de mesure n'est pas inconnu aux temps
anciens de la république romaine. Il n'y a nulle raison de
douter, par exemple, du fait de la remise des dettes à laquelle, d'après Denys, le sénat fut obligé de consentir, lors
de la première retraite de la *plebs* sur le Janicule. Dans le
discours que Denys fait prononcer à Valérius devant le sénat, ce dernier invoque l'exemple d'un grand nombre de
villes, et notamment la législation de Solon (1). Trois ans
après, Servilius conseille le même sacrifice. Dans les troubles
de l'année suivante, C. Virginius vote pour la remise des
dettes en faveur de ceux qui ont pris part à la guerre contre les Volsques et les Aurunces ; et L. Largius, pour une
remise absolue de toutes les dettes. La réalisation de ces
projets fut toujours empêchée par l'opposition du parti
d'Appius, dont la résistance, en cette rencontre, offre un
caractère d'élévation qui n'a point été assez apprécié. Dans
d'autres occasions, nous voyons la condition des débiteurs
adoucie tantôt par l'autorisation de payer par termes, tantôt
par la déduction des intérêts sur le capital.

Mais ce n'était pas une mesure de ce genre que réclamait
la *plebs,* irritée des mauvais traitements infligés à C. Publilius. Et Cicéron n'a pas eu en vue la remise des dettes, mais

---

(1) Denys d'Halic., liv. V : ἐξαριθμησάμενος δὲ πολλὰ καὶ ἐκ πολλῶν πόλεων
παραδείγματα, τελευταίαν παρέσχετο τὴν Ἀθηναίων πόλιν, κ. τ. λ.

cette autre disposition de Solon, plus importante pour l'avenir, qui interdisait le δανείζειν ἐπὶ τοῖς σώμασι (1), et qui libérait tous les débiteurs placés dans cette servitude conventionnelle analogue à celle des *nexi*. Ce δανείζειν ἐπὶ τοῖς σώμασι (ou ἐπὶ τοῖς σώμασιν ὀφείλειν) (2) correspond exactement à la promesse de services serviles chez les Romains; aussi voyons-nous Denys se servir précisément de cette expression dans le remarquable discours qu'il met dans la bouche du roi Servius Tullius (3). Cicéron regrette seulement que ce prêt sur le corps libre, c'est-à-dire, sous la promesse de services serviles, n'ait pas été interdit avant la *L. Pœtelia*, comme l'avait promis Servius. Par là, suivant lui (4), les progrès de la puissance plébéienne auraient été arrêtés, et l'on aurait notamment évité l'institution du tribunat. En effet, les tribuns avaient été institués, surtout, pour défendre les personnes contre les excès des créanciers, et cette protection aurait été inutile si l'on avait aboli, à temps, le *nexum*. Tel est le sens des paroles de Cicéron.

La *L. Pœtelia*, du reste, avait des précédents non-seulement à Athènes, mais encore à Rome. La loi de Servius que Denys cite, parmi les promesses par lesquelles le roi cherchait

---

(1) Plutarque, Solon, § 15. Reiske.

(2) Plutarque, *de vitando œre alieno*, § 4.

(3) Dionys., IV, 9 : νόμον θήσομαι, μηδένα δανείζειν ἐπὶ σώμασιν ἐλευθέροις, κ. τ. λ.

(4) *Semper huic oneri, quum plebs publica calamitate impendiis debilitata deficeret, salutis omnium causa, aliqua sublevatio et medicina quæsita est. Quo tum consilio prætermisso, causa populo nata est, duobus tribunis plebis per seditionem creatis, ut potentia senatus atque auctoritas minueretur. De Rep. lib.* II, *cap.* 34. Moser.

à gagner la faveur populaire, ne touchait aucunement à l'exécution judiciaire, mais elle interdisait seulement la contrainte conventionnelle, l'*obnoxiatio liberi corporis*. C'est donc
sans raison que M. Dirksen (1), pour démontrer que cette loi
est apocryphe, dit « qu'une mesure de ce genre est en contradiction formelle avec l'histoire du crédit chez les Romains,
et que la rigueur des Douze Tables contre les débiteurs insolvables ne pourrait s'expliquer, si l'on admettait cette institution de Servius Tullius. » Tout s'explique, au contraire,
si l'on se souvient que Tarquin le Superbe abolit cette loi
avec toutes les institutions de Servius qui étaient favorables
au peuple. Après l'expulsion de Tarquin, les consuls rétabli-
rent la loi de Servius, au dire de Denys. Elle est souvent
mentionnée, dans les délibérations du sénat, au sujet des
troubles provoqués par les dettes; mais il est probable qu'elle
était tombee en désuétude, par l'effet combiné de la misère
de la *plebs*, obligée à subir toute loi imposée par les capitalistes, et de la connivence de la haute magistrature, in-
téressée à laisser accroître les garanties stipulées, de coutume, dans le contrat du prêt. Aussi l'une des opinions
mitoyennes, qui repoussaient à la fois la douceur de Valérius et la rigueur d'Appius, consistait à n'accorder aux créanciers que la saisie des biens et non celle du corps du débiteur. L'on voit Servilius conseiller au sénat, dans le cas où
l'on ne pourrait s'accorder sur la remise complète des dettes,
d'interdire au moins la saisie de la personne du débiteur en

_____

(1) Dirksen, *Versuche zur Krit. u. ausl. d. quell. d. röm. R.* (Leipsig,
1823, in-8°), pag. 345.

retard. Enfin Menenius Agrippa, lors de la première retraite sur le Janicule, joint à sa proposition sur les *nexa*
déjà existants, la promesse d'une loi sur les dettes à venir.
Cette loi aussi, si elle avait été rendue, aurait eu pour objet
plutôt la contrainte contractuelle que l'exécution judiciaire.

La *L. Pœtelia*, suivant Tite-Live, fut pour la *plebs* le commencement d'une nouvelle liberté. Niebuhr attribue cette
remarque aux vieux annalistes que consultait Tite-Live, et il
y trouve une preuve assez positive pour admettre que la
rigueur du *nexum* ne pesait que sur le débiteur plébéien ;
mais que, pour le patricien, il n'y eut jamais ni engagement
servile de la personne, par contrat, ni servitude pour dettes, par suite d'addiction.

Il est très-vrai que Tite-Live et Denys nous montrent
constamment la pratique de l'usure du côté seul des patriciens. Les plébéiens apparaissent comme débiteurs ; les
patriciens, comme créanciers. Les premiers seuls sont *nexi*,
et luttent pour l'abolition de ce droit ; les seconds, au contraire, le défendent avec la même ardeur que leurs priviléges politiques. Malgré cette observation, des raisons décisives empêchent d'admettre, pour l'époque postérieure
aux Douze Tables, un privilége légal des patriciens relative-
ment à l'exemption de la servitude pour dettes, conventionnelle ou exécutoire. On est étonné que Cicéron et
Tite-Live puissent s'accorder pour vanter l'équité des dix
premières Tables, et dire que le peuple tout entier en était
satisfait, bien que l'une d'elles contînt les dispositions les plus
barbares sur l'exécution en matière de dettes. Mais ce qui
causait la satisfaction du peuple, c'était non pas l'adoucissement du droit en lui-même, mais sa transformation de privi-

lége d'un ordre en droit commun. Tel est le point de vue sous lequel il faut envisager non-seulement le régime des dettes, mais la législation des Douze Tables tout entière, et son importance pour le développement du droit romain. Elle devait consacrer un droit commun, concilier et fondre ensemble les droits des deux ordres. Ses prescriptions devaient, par cela même, et nécessairement, être considérées comme le droit commun des deux ordres; et ceci s'applique non-seulement à l'exécution pour dettes, mais encore à la contrainte contractuelle, puisque celle-ci avait son fondement juridique dans le texte des Douze Tables, *cum nexum faciet*, etc. Il est possible, cependant, qu'avant les Douze Tables la loi reçue ne s'appliquât en effet qu'aux plébéiens.

L'opinion de Niebuhr n'est donc probable que pour l'époque antérieure aux décemvirs. Si, postérieurement et jusqu'à la *L. Pœtelia*, nous ne voyons aucune trace d'usure du côté des plébéiens, c'est dans des circonstances d'une tout autre nature que nous devons en chercher la cause. Des textes positifs ne permettent pas d'admettre une concentration exclusive des biens et des terres (1) dans les mains des patriciens. Mais ce n'en étaient pas moins les plébéiens qui toujours et exclusivement étaient forcés de recourir aux emprunts, parce qu'eux seuls, dans les guerres continuelles de la république, avaient sans cesse à servir et à payer. L'on trouve assez fréquemment dans Tite-Live, et nous l'avons

---

(1) Cicéron dit, en parlant des relations des patriciens et des plébéiens dans ces anciens temps, que les premiers : *cum honore longe antecellerent ceteris, voluptatibus erant inferiores,* nec pecuniis ferme superiores. *De Rep., loc. cit.*, liv. II, c. 34.

déjà remarqué, des indications qui montrent que la misère
et les dettes des plébéiens étaient le résultat de leur conti-
nuelle absence, des dépenses du service militaire et des
tributs qui pesaient sur eux.

Denys nous indique aussi, à plusieurs reprises, la double
charge du service militaire et du tribut comme la véritable
cause de la misère. Le butin que le soldat faisait à la guerre,
il ne pouvait le garder qu'avec la permission du général patricien ; ordinairement il était obligé de le verser dans l'*ærarium populi,* c'est-à-dire, dans le trésor commun de l'ordre
dominant. Saint Augustin voit aussi, dans ces circonstances,
la cause de la misère et des dettes de la *plebs* (1); mais nulle
part, pas même dans les diatribes des tribuns, l'on ne trouve
des allusions à une inégalité du droit, séparant les patriciens
et les plébéiens. Depuis les Douze Tables, il n'y a donc aucune raison solide pour croire que les patriciens n'aient
pu contracter un *nexum.* Tout aussi peu est-il possible
d'admettre qu'à cette époque encore un plébéien trouvât
protection contre la poursuite de ses pairs, en entrant dans
la clientèle d'un patricien. Les capitalistes plébéiens prê-
taient en leur propre nom, comme les patriciens, et avec
les mêmes droits que ces derniers. Si les auteurs anciens ne
tiennent pas compte des usuriers plébéiens, c'est uniquement à cause de leur petit nombre. Les capitalistes plébéiens
avaient d'ailleurs le même intérêt que la classe dominante, et
faisaient cause commune avec elle (2). Quand Tite-Live (ou

---

(1) *De civit. Dei.* II, 18. *Fœnore oppressa plebs, cum assiduis bellis tributum simul et militiam toleraret.*

(2) *Primores plebis nobilium amici.* Tite-Live, IV, 60.

l'annaliste qu'il a consulté) appelle la *L. Pœtelia* le commencement d'une nouvelle liberté pour les plébéiens, ce n'est donc point parce qu'elle aurait anéanti un droit exclusif des patriciens, c'est parce qu'elle supprima complétement un droit qui était commun aux deux ordres depuis les Douze Tables, mais qui, de fait, et en raison des conjonctures de l'époque, n'opprimait que les seuls plébéiens.

En ce qui touche spécialement le *nexum*, les Institutes de Gaius nous ont révélé l'existence de deux lois analogues à la loi *Pœtelia*. La première, dont le nom nous est connu seulement par les initiales VAL (*eria?*) du manuscrit (1), supprima la *legis actio per manus injectionem pro judicato*, dans tous les cas où elle avait eu lieu jusque-là, en exceptant toutefois le *judicatum* et le *depensum*, et en fit une *manus injectio* pure et simple, c'est-à-dire, une action ordinaire qui, bien qu'exécutive par sa forme, n'avait pas pour but l'exécution réelle, et par conséquent n'entraînait pas la nécessité de la constitution d'un *vindex* (2).

Cette abolition de la *legis actio per manus injectionem* s'appliquait nécessairement au *nexum*, et se rapporte étroitement à la loi *Pœtelia*, qui, ayant aboli le *necti obœratum*, avait rabaissé la *nexi datio* à un contrat privé ordinaire. Mais la loi VAL (*eria*) avait une plus grande portée. En effet, les actions qui se poursuivaient par la *manus injectio* présentaient deux caractères généraux : elles reposaient sur un fon-

---

(1) Voy. Gaius, *Comment.* IV, 25, et *ibi* Goeschen, 3e édit. de 1842.

(2) Parmi les cas atteints par cette loi se rangeaient, outre l'action *ex sponsu*, en vertu de la loi *Furia* (Gaius, IV, 22), toutes les actions *ex nexo :* nexum œs, *legatum per damnationem*, etc.

dement de droit public, directement ou indirectement, et tendaient à la peine de l'*inficiatio*, c'est-à-dire, à la multiplication du *simplum*, en cas de non aveu. Le premier caractère était le vrai fondement de cette procédure, comme le prouve le cas principal du *judicatum*, auquel devait être assimilée la stipulation, ou *sponsio publica*, ainsi que le *nexum*. Le second caractère distinguait ces cas de la *legis actio per sacramentum*, et, plus tard, *per condictionem*, en ce qu'il fixait une autre *pœna temere litigantium*. Lorsqu'une loi, dans un cas non proprement émané du droit public, prononçait contre le plaideur la peine du *duplum* (1), elle ne donnait la *manus injectio* que pour éviter les autres *legis actiones* pourvues déjà d'une autre *pœna temere litigantis;* elle excluait, par l'omission de la clause *pro judicato*, le point matériellement essentiel de la *manus injectio*, c'est-à-dire, l'indication du fondement public de la prétention. La loi VAL (*eria*) fit un pas de plus, en ne considérant plus en général que la forme de procéder, et en déclarant la *manus injectio* PURA, même dans les cas publics par leur forme, lorsqu'une considération matérielle ne justifiait pas en même temps le maintien de l'exécution réelle, c'est-à-dire, dans tous les cas autres que celui de l'*œs confessum*, et du *depensum* non remboursé dans les six mois (2).

---

(1) La loi *Furia testamentaria*, la loi *Marcia*, la loi *Aquilia*, etc.

(2) Voy. Gaius, IV, 22. L'unité constitutive de la créance due par le *sponsor* et de celle due par le débiteur principal, opérait cet effet que le payement fait par le *sponsor* était une sorte de *confessio* à l'égard du débiteur principal, et produisait les effets de l'aveu en faveur du *sponsor*. C'était le point d'appui de l'institution de la *sponsio*.

La loi VAL (*eria*), comme la loi *Pœtelia*, reposait donc sur l'idée qu'il fallait considérer, comme obligations privées et ordinaires, tous les contrats qui n'avaient de public que la forme. Il est probable que la loi VAL (*eria*) est antérieure à la loi *Pœtelia*. Elle a commencé l'œuvre de la démolition de l'ancien *nexum ;* il est probable que l'on débuta par supprimer l'exécution immédiate des créances revêtues d'une simple forme de droit public, dans les cas d'abord où la créance était contestée, et ensuite dans les cas où, sans contester la créance, le débiteur *nexum se dederat*. Nous pensons donc, avec M. Huschke, pouvoir placer cette loi en l'année 413, et l'attribuer au dictateur M. Valerius Corvus ou Corvinus (1).

La seconde loi qui était dans un rapport étroit avec la loi *Pœtelia,* et dont celle-ci fut certainement l'occasion, c'est la loi *Silia,* qui substitua au vieux *sacramentum* une procédure plus simple et une *pœna temere litigantis* mieux appropriée aux besoins du temps : la *sponsio,* la *restipulatio tertiæ partis*. Si, en effet, la défense du *nexum* restreint, du *necti obæratum,* fit disparaître le principal intérêt que la coutume avait donné au *nexum*, et amena en son lieu l'usage de la *stipulatio*, la perte de la *legis actio per manus injectionem* propre au *nexum,* et de la *pœna temere litigantis* si efficace qui s'y trouvait attachée, dut se faire sentir d'autant plus vivement que le remboursement des prêts faits sous forme de stipulation, ou par simple contrat réel, ne pouvait être poursuivi que par la lourde et longue *legis actio sacra-*

---

(1) Si l'on admet cette conjecture, cette loi aurait été rendue à la suite des troubles dont parlent Tite-Live, VII, 38 et suiv.; Aurel. Victor, *de Vir. illustr.*, 29; et Appien, de *Reb. samnit.*, I, 1, 2.

mento, si les parties ne convenaient pas d'un *arbiter*. On ne pouvait recourir à la *manus injectio pura*, la forme nouvelle des prêts, forme du droit des gens, s'y opposant radicalement : il fallut donc imaginer, pour ces actes non émanés de l'ancien droit public romain, une nouvelle *legis actio* empruntée à la procédure du droit des gens ; et tel fut l'objet de la loi *Silia*, sur laquelle il ne nous reste que des renseignements incomplets, et les doutes de Gaius (1).

§ VII.

DU DROIT DES DETTES APRÈS LA LOI *POETELIA*.

Notre explication de la loi *Pœtelia* concorde non-seulement avec les textes qui nous en rendent compte, et avec le droit antérieur, mais encore avec le droit postérieur.

C'est alors que prirent successivement naissance de nouveaux moyens civils d'engager les biens à la garantie d'une obligation pour dette. Mais ces moyens devinrent eux-mêmes, avec le temps, un nouveau fléau pour les débiteurs. Ainsi le contrat de gage fut, en particulier, un instrument de ruine pour la classe plébéienne, à cause de l'insertion du *pacte commissoire*, qui devint usuel dans la pratique romaine. Les créanciers y trouvèrent si bien leur compte, qu'ils imaginèrent le moyen de l'appliquer à l'hypothèque elle-même, lorsqu'elle eut été introduite du droit grec dans le droit romain, bien qu'ici, comme dans le gage, il n'y eût pas translation de pos-

---

(1) Voy. Gaius, *Comment.*, IV, § 13 à 15, et 18 à 20; et Huschke, *loc. cit.*—M. Baiter est muet, sur la loi *Silia*, dans l'excellent *Index legum* qu'il a joint à l'édition de Cicéron de M. Orelli.

session au profit du créancier. Mais ce qui, dans le premier
cas, n'était qu'une résolution du droit de reprise du gage,
faute de payement à l'échéance, fut converti en droit de vendre l'immeuble hypothéqué, à défaut de payement au jour
indiqué. Ce sont là les *hypothecæ commissæ* (1) dont parle
Cicéron. L'organisation civile de la *lex commissoria* devint
même une des matières les plus compliquées du droit.

Il paraît que Sylla, malgré son aversion pour la démocra-
tie, fut obligé de venir encore au secours de la classe trop
misérable des débiteurs retardataires (2); mais ce point d'histoire est très-obscur et très-controversé. Je ne m'arrêterai
pas à l'examiner et à l'éclaircir. Ce qui est certain, c'est qu'au
temps de Varron, les *obærati* formaient une partie nom-
breuse de la population, et que leur condition approchait de
celle de la classe servile (3). Columelle nous montre aussi les
latifundia cultivés *nexu civium et ergastulis* (4). Aulu-Gelle
et Quintilien, dans des textes déjà cités, nous attestent que
l'addiction était rigoureusement pratiquée de leur temps.

Ainsi, la quasi-servitude de la dette restreinte à l'addiction,
et adoucie dans sa forme, se maintint dans tous les temps.

---

(1) Cicéron, *ad Divinat.*, XIII, 56, et *ibi* Moser. Cf. Saumaise, *de Modo
usur.*, chap. 2 et suiv.

(2) Cf. Al. Wittich, *de Reip. rom. ea forma qua L. Corn. Sulla dictat.*, etc.
Lips. 1834, in-8°.—Et le *Lucius Corn. Sulla*, de M. K. S. Zachariæ; Heidelb.
1834, 2 part., in-8°.

(3) Varron, *de Re rustica*, 1, 17; Schneider. — Cf. M. de La Malle,
Économ. polit. des Rom., tom. I.

(4) Columelle, I, 3, 12. Schneider. Cf. le Varron du même éditeur,
pag. 299.

Ce que Gaius (1) nous rapporte de l'usage pratiqué de la *nexi obligatio*, à l'époque où il écrivait, concorde parfaitement avec l'exposé historique que nous venons de développer. La *nexi liberatio* était encore employée pour le débiteur condamné pour prêt d'argent (*judicatus*), et pour toute autre obligation contractée *per æs et libram*. Il est vrai que le cas le plus fréquent et le plus important de cette sorte d'obligation, celui où une obligation quelconque avait été revêtue, par la volonté des parties, de la forme solennelle d'une *nexi obligatio*, ne devait plus guère se présenter depuis la loi *Pœtelia ;* mais il y avait encore le legs *per damnationem*, qui créait une obligation fondée, comme tout le testament, sur la solennité de l'*æs et libra*, et au payement de laquelle, par conséquent, on put toujours appliquer la solennité de la *nexi liberatio*. Aussi bien est-ce là le seul cas de *nexi liberatio*, que Gaius mentionne expressément, à côté de la *judicati causa*.

Cicéron, en défendant Flaccus, cherche à rendre suspect un témoin, Héraclides ; et, dans ce but, il raconte l'épisode suivant de sa vie antérieure (2) : Héraclides avait emprunté de l'argent, et Hermippus lui avait servi de caution ; comme il ne paya point, la caution fut obligée de payer, et elle exerça son recours contre le débiteur. Celui-ci fut effectivement condamné et adjugé au demandeur, comme esclave de la dette : *cum judicatum non faceret, addictus Hermippo et ab eo ductus est.* Quoique la condamnation ne procède point ici directement d'un prêt d'argent, il n'en est pas moins vrai que la cause est identique ; car la demande était l'*actio de-*

---

(1) Comm. III, 173, 175.
(2) Cicéron, *pro Flacco*, cap. 20.

pensi, à laquelle la loi *Publilia* avait formellement étendu la *pro judicato manus injectio* (1).

Gaius nous parle de la *judicati subreptio* (2), et Ulpien dit que la restitution contre l'usucapion, accomplie par des absents, s'applique à plusieurs cas d'usucapion acquise au profit d'une personne présente; par exemple, à celui où la personne qui prescrit est présente, à la vérité, mais détenue dans une prison publique, ou même dans une prison privée, en qualité d'*addictus* (3); ce qui prouve deux choses à la fois: l'existence au temps d'Ulpien de la détention privée pour dettes, provenant de l'*addictio*, et la capacité des *addicti* de continuer et d'accomplir une usucapion.

Le jurisconsulte Licinius Rufinus parle aussi du créancier qui ne veut point souffrir qu'un tiers fournisse à son débiteur des vivres ou un lit: une action pénale particulière, ou bien l'*actio injuriarum*, peut être intentée contre lui (4).

Cependant plusieurs circonstances peuvent avoir concouru à rendre l'addiction toujours de plus en plus rare. D'abord une loi *Julia* avait donné aux débiteurs la faculté d'échapper, par une cession de biens volontaire, et à la vente publique de leurs biens et à la contrainte personnelle. Il est

(1) Gaius, IV, 22. 25.
(2) Texte cité, du *Comment.* III, 199.
(3) *Fieri enim poterat, ut quis in vinculis præsens esset, vel in publica, vel in privata vincula ductus; nam et eum, qui in vinculis est, si modo non sit in servitute, posse usu acquirere constat.* Fr. 23. Dig. IV, 6, déja cité.
(4) L. 34, Dig. *de re judicata* (42. 1), à laquelle se rapporte aussi la définition de *stratum* et *victus,* dans la l. 45, Dig. *de V. S.* (50. 16).—Comparez encore la l. 9. § 6. Dig. *ad L. Juliam pecul.* (48. 13), et Paul, V. § 2.

vrai que l'addiction ne fut point abolie par là, puisque la
cession de biens dépendait de certaines conditions, et qu'elle
était notamment refusée au débiteur coupable de mauvaise
foi ou de négligence (1).

Lorsque la haute Italie, ou *Gallia cisalpina*, obtint la constitution municipale italique, on voulut fixer spécialement
l'organisation judiciaire de ce pays, par une loi dont un fragment considérable est parvenu presque intact jusqu'à nous.
Le but de cette loi n'était pas de rien créer de nouveau, mais
seulement d'introduire le droit romain dans cette contrée,
en apportant seulement quelques restrictions au pouvoir
des magistrats municipaux. Nous pouvons donc, sans hésiter, considérer comme témoignages de l'ancien droit romain,
les dispositions générales que nous trouvons dans ce monument si important (2).

Les chapitres XXI et XXII traitent en particulier des actions dans les municipes de la Gaule, et ils posent cette res-
triction, que la juridiction du magistrat ne s'étendra que
jusqu'à la somme de 15,000 sesterces, à l'exception de certaines matières qui ne sont point désignées. Cela posé, la loi
contient deux ordres de dispositions : au chapitre XXI, sur
les actions pour prêt d'argent; au chapitre XXII, sur toutes
les autres actions. Pour plus de clarté, je reproduirai successivement ces points divers.

« Si l'action est intentée pour un prêt qui n'excède pas

---

(1) A cette époque, l'addiction changea en quelque sorte de caractère;
elle devint une peine de la mauvaise foi et de la négligence.

(2) Voy. le texte, dans Haubold, *Monum. legal.*, pag. 144 et suiv. La loi
est de l'an 705 de Rome, 49 ans avant J. C.

15,000 sesterces, et que le défendeur avoue la dette devant le magistrat, ou bien qu'il refuse toute explication, ou qu'il ne veuille point contracter le sponsion et se défendre en jugement, alors tout doit se faire comme si le débiteur avait été condamné en justice pour cet objet; en conséquence, le magistrat doit adjuger le débiteur, et permettre de l'emmener prisonnier (1). »

Sur cette proposition il s'élève un doute grave. Pourquoi ne voyons-nous mentionnés ici, comme autorisant la contrainte personnelle, que des cas secondaires, tandis que le cas principal, celui de condamnation, n'y figure que comme terme de comparaison ? En supposant donc que le magistrat ait ordonné un *judicium* sur la dette, et que le débiteur ait été condamné, n'y aura-t-il point lieu aussi et à plus forte raison à la contrainte personnelle, ce cas étant surtout indiqué formellement par les dernières paroles de cette disposition de la loi ? Pour résoudre cette question, on peut dire que, sans doute, la contrainte n'était point la conséquence de tout jugement sur un prêt d'argent, mais seulement d'un *legitimum judicium ;* qu'il fallait, par conséquent, que le procès eût été instruit à Rome, et jugé par un *judex* tiré de

---

(1) Lin. 2. 21 : *A quocumque pecunia certa credita. . . . petetur, quœ res non pluris H. S. XV, erit, si is eam pecuniam in jure. . . . dare oportere debereve se confessus erit. . . . aut se sponsione judicioque. . . . non defendet sive is ibi de ea re in jure non respondebit. . . . tum de eo. . . . siremps res, lex, jus, causaque esto atque uti esset. . . . si is. . . . ex judiciis datis, judicareve recte jussis jure lege damnatus esset, fuisset. Qui quocumque II vir. . . . juri dicundo prœerit, is eum. . . . sine fraude sua duci jubeto. . . .*

18

l'*album* du préteur romain (1). C'est ce que signifiaient très-
sûrement ces paroles de la loi des XII Tables : *rebusque jure
judicatis ;* et c'est aussi ce que me paraissent indiquer clairement les termes de notre loi, d'après laquelle tout doit se
faire comme si le débiteur *ex judiciis datis, judicareve recte
jussis jure lege damnatus esset , fuisset.*

Il résulte de là que le magistrat municipal pouvait prononcer la contrainte personnelle dans les cas suivants seulement : lorsque le débiteur avait été condamné à Rome en un
legitimum judicium ; lorsque, devant ce magistrat, il avouait
la dette ou se refusait à suivre l'instance, ou ne voulait point
s'expliquer. Au contraire, le magistrat n'était point autorisé
à la prononcer, lorsqu'ayant lui-même nommé un juge, ce
juge avait condamné le débiteur. Dans les cas d'aveu et de
désobéissance au magistrat, on ne devait pas hésiter à appliquer la contrainte personnelle, parce que le débiteur s'était
en quelque sorte jugé lui-même. Lors au contraire que le défendeur niait la dette et qu'il était condamné, sur la preuve
produite, la chose était sujette à plus de doute, parce que
tout reposait sur l'affirmation du juge qui avait prononcé. Il
y avait une garantie du bien jugé lorsque le juge avait été
tiré de l'album des juges romains, et choisi par le préteur;
mais cette garantie manquait dans les municipes, et l'on put
dès lors hésiter à attribuer aux jugements qui s'y rendaient
les effets dangereux de la contrainte personnelle (2).

_____

(1) Gaius, IV, 103-104.

(2) On peut objecter que cependant, dans le cas rapporté par Cicéron,
pro Flacco, cap. 20, on voit la contrainte personnelle s'ensuivre d'un jugement prononcé en Asie, lequel n'était point un *legitimum judicium;* mais il

Mais cette disposition aurait pu facilement donner à penser que le magistrat municipal n'aurait nulle compétence
pour ordonner un jugement en matière de prêt d'argent.
Cette erreur était prévenue par la disposition suivante :

Quominus. . . . . . Judicium recup. (1) *is qui ibi juri
dicundo præerit, ex hac lege det, judicarique de ea re ibi
curet, ex hac lege nihil rogatur.*

C'est-à-dire : « Il n'est point dérogé par cette loi au pouvoir qu'a le magistrat, lorsque le défendeur comparaît devant
lui et nie la dette, de nommer un juge et de faire rendre un
jugement. » Seulement, ce jugement ne pouvait être exécuté
que sur les biens, et jamais par la contrainte personnelle.

---

est très-possible et il n'est point invraisemblable que l'on ait donné spécialement, aux jugements prononcés par les juges nommés par des proconsuls, la même force qu'au *legitimum judicium*, tandis que l'on n'aurait
pas trouvé de raisons suffisantes pour faire de même à l'égard des juges
institués par les magistrats municipaux. Ou bien le passage de Cicéron
peut s'expliquer, en supposant qu'Héraclides n'avait point le droit de cité ;
en effet, les édits des proconsuls étaient, en général, fondés sur le droit
romain, qui devenait ainsi applicable aux étrangers (Cic. *ad Att.* VI, 1) ;
or, si un étranger était condamné pour dettes, on ne pouvait exiger, pour
lui appliquer la contrainte personnelle, qu'il eût été condamné en *legitimum judicium :* car, comme il n'y avait pas pour lui de *legitimum judicium* (Gaius, IV, 103), il n'aurait jamais pu être soumis à la contrainte, et
il n'est point naturel de penser que l'étranger ait été ainsi favorisé, par
rapport au citoyen.— Du reste, le droit des provinces variait sur ce point ;
ainsi, en Égypte, il n'y avait point de contrainte personnelle pour dettes
privées ; le fisc seul pouvait emprisonner ses débiteurs. Conf. Rudorff.
dans le *Rhein. Museum für Philol.*, 2ᵉ année, pag. 163 et suiv.

(1) C'est-à-dire, *recuperatoresve*, et non *recuperatorium*, ainsi que le
veulent les éditeurs de la loi.

Ce droit de faire rendre un jugement à l'encontre du défendeur, était cependant limité par deux exceptions : premièrement, si le défendeur fournissait un *vadimonium*, à Rome ; secondement, si un *vindex* solvable se présentait pour lui. Dans le premier cas, le procès devait se poursuivre à Rome ; dans le second, il était suivi non plus contre le défendeur, mais contre son *vindex*.

« Si toute autre action, *præter pecuniam certam creditam*, est intentée devant le magistrat municipal, et qu'il arrive une de ces trois circonstances : aveu, refus de s'expliquer, ou refus de suivre l'instance, tout doit se régler de la même manière que si pareille chose était arrivée devant le magistrat de Rome (1). » La loi ne dispose point ici d'une manière directe ; mais, par l'opposition qui existe entre cette disposition et celle qui précède, et par le contenu de celle qui suit, on ne peut douter que sa pensée ne soit celle-ci : Dans tous ces cas, il n'y a pas lieu à la contrainte personnelle, mais à l'exécution sur les biens, *possessio, proscriptio, venditio bonorum*. De plus, il n'est point douteux qu'ici encore le principe déjà posé ne soit sous-entendu, et que pour toutes ces autres actions le magistrat ne conserve aussi le droit d'ordonner un *judicium*, et de faire rendre une sen-

---

(1) Lin. 25. 44 : « *A quo quid præter pecuniam certam creditam signatam* « *forma publica pop. romani... petetur.... si is eam rem... confessus erit...* « *aut... sponsionem non faciet; neque se judicio uti oportebit defendet, aut* « *si de ea re in jure nihil responderit, ... siremps res, lex, jus, causaque...* « *esto atque uti esset, esseve oporteret si is.... Romæ apud prætorem...* « *in jure confessus esset, aut ibi de ea re nihil respondisset, aut judicio se* « *non defendisset.* »

tence. Deux circonstances expliquent comment ce cas, le
plus fréquent et le plus important sans doute, est ainsi laissé
dans l'ombre et touché seulement en passant. Premièrement,
ce droit se présumait de lui-même chez tout magistrat ayant
juridiction; au lieu que dans les autres cas particuliers
(aveu, etc.) on pouvait plutôt douter jusqu'où s'étendrait
l'autorité de ces magistrats. En second lieu, l'objet de la loi
était de reconnaître et de limiter le droit le plus redoutable
et le plus important de ces magistrats, celui d'ordonner la
contrainte personnelle, lequel leur était attribué précisément
dans ces cas particuliers, et non dans celui de condamnation
par un *judex* municipal.

Dans toutes les dispositions qui précèdent, il est toujours supposé que l'exécution se poursuit dans le municipe.
Qu'arrivera-t-il lorsque la personne ou la fortune du débiteur ne se trouvant point dans le municipe, mais à Rome, le
créancier aura besoin d'exercer ses poursuites à Rome? C'est
ce que la dernière disposition détermine de la manière suivante (1) : « Dans tous les cas ci-dessus spécifiés, le préteur
romain, ou celui qui a juridiction, à Rome, sur l'objet en question, doit aussi procéder par juridiction, décret, contrainte,
possession, proscription et vente des biens, comme si le fait
avait eu lieu devant son propre tribunal. » C'est-à-dire, il
doit accorder la contrainte personnelle, en cas de dettes pour
prêt d'argent, et l'exécution sur les biens en tout autre cas :
Prætor isve qui de ea re Romæ juri dicundo præerit in eam
et in hæredem ejus d. e. r. (de eis rebus) omnibus ita jus dicito

---

(1) J'adopte ici la leçon posée par M. de Savigny, et appuyée par lui de
si excellentes raisons, dans son *Schuldrecht*.

decernito eosque duci bona eorum possideri proscribive ve-
nireque jubeto ac si... apud eum... confessus esset.

La dernière disposition se termine par une addition qui
offre quelque ambiguïté : *Dum ne quis d. e. r. (de eis rebus)*
nisi prætor isve qui Romæ juri dicundo præerit, eorum cujus
bona possideri, proscribi, venire, ducique eum jubeat. Cette
clause peut signifier qu'à Rome personne autre que le préteur
ne pourra ordonner cette exécution, ou bien : « Cependant,
lorsque cette exécution est poursuivie à Rome devant le préteur, elle ne peut point en même temps être ordonnée par
aucun autre (par le magistrat municipal); » c'est-à-dire que le
créancier doit se contenter d'une seule exécution, et ne point
exercer simultanément des poursuites en des lieux différents.
La seconde interprétation me paraît préférable, parce que
l'on ne conçoit pas à quel autre magistrat à Rome on aurait
pu juger nécessaire d'interdire expressément de s'immiscer
dans cette exécution. — Du reste, je considérerais comme
insoutenable une explication d'après laquelle cette clause si-
gnifierait que, pour les actions autres que celles de prêt d'argent, l'exécution serait refusée absolument au magistrat municipal, et réservée exclusivement au préteur. Une telle
disposition serait, surtout pour les dettes modiques, si dénuée
d'un but raisonnable, que cela suffit pour nier son existence, en pleine sûreté.

Ce qui distingue le droit postérieur à la loi *Pœtelia,* du
droit plus ancien, c'est la suppression de l'exécution civile,
directe et pénale, tout à la fois, exercée en vertu du propre
droit et de la simple autorité du créancier, sur la personne,
la *familia* et la *pecunia* du débiteur, et son remplacement
par une exécution *rei persecutoria,* émanant de l'*imperium*

du préteur, sur la personne et sur les biens. Cette exécution prétorienne est en regard de l'exécution civile du *nexum*, dans le même rapport que la succession prétorienne vis-à-vis de l'ancienne succession civile. Cependant l'ancien droit fut maintenu en quelques points. Ainsi, les *judicati* conservèrent les XXX *dies justi* pour se procurer de l'argent, et les préteurs prorogèrent même ce délai en certains cas (1). Après ce délai, et tant que subsistèrent les *legis actiones*, on procédait à la *manus injectio;* mais celle-ci ne donnait plus droit à la *ductio* privée; on demandait au préteur l'autorisation (*jussus*) d'emmener le débiteur, *duci jubere*, et de saisir ses biens. La saisie de la personne et celle des biens avaient lieu simultanément; mais celle-ci n'était plus la conséquence tacite de la première; il fallait qu'elle fût demandée et obtenue spécialement (2). Le débiteur pouvait éviter la *ductio* par le *bonam copiam jurare*. Si la *ductio* avait lieu, elle donnait au créancier, sur la personne du débiteur, un droit de rétention, dont le bénéfice était non-seulement de forcer le débiteur, ou d'autres pour lui, au payement, mais encore de l'empêcher de diminuer sa fortune, dont l'envoi en possession ne pouvait pas atteindre toujours et immédiatement toutes les parties. La *ductio* se bornait donc à l'emprisonnement, *omni cruciatu sublato;* au demeurant, la *ductio* était dans une condition civile à peu près semblable à l'ancienne (3). Seule-

---

(1) Cf. Gaius, *Comment.*, III, 78 ; — la *Const. un.*, au code Théod., IV, 19; — le fr. 2. Dig. XLII, 1; — Zimmern, *Hist. de la procéd.*, § 77; — et Huschke, *loc. cit.*, pag. 149.

(2) Cf. Gaius, III, 199, et la *Lex Gall. cisalp.*, *cap.* 22.

(3) Voy. Quintilien, *Instit. orat.*, V, 10, § 60; VII, 3, § 26. Spalding;—

ment, comme la *ductio* n'atteignait pas le *judicatus* dans sa personnalité même, ni dans son *suum jus* universel, elle ne conférait plus au créancier aucun droit sur les personnes soumises à la puissance du débiteur. L'usage contraire régnait dans quelques provinces, mais nous le voyons blâmer par les empereurs (1). Il est probable que la durée de cet état du débiteur était d'abord limitée à la durée de l'*imperium* du préteur, dont émanait le *jussus* (2); plus tard, il dut en être autrement.

La *proscriptio bonorum* est mentionnée dans la loi de la Gaule cisalpine, dans Cicéron et dans Gaius (3), comme étant dans une connexion intime avec l'envoi en possession, la *possessio,* obtenus du magistrat; mais plusieurs écrivains ont fait erreur en interprétant cet acte d'exécution par une mise en vente; signification spéciale qu'a bien pu avoir *proscriptio* en quelques cas, mais qu'il n'a point dans la procédure exécutoire dont nous parlons; et ce qui le prouve, c'est que nous trouvons, dans un autre monument législatif (4), la *pros-*

---

le fr. 34. Dig. XLII, 1 ; — le fr. 23. Dig. IV, 6; — et Paul, *Rec. sent.*, V, 26, § 2.

(1) Saint Ambroise, *in Tobiam*, c. 8. *Vidi ego*, dit-il, *miserabile spectaculum*, *liberos pro paterno debito in auctionem deduci, et teneri calamitatis heredes...* Cf. la Const. 12, de Dioclétien, déjà citée, au Code, IV, 10. *Ob œs alienum servire liberos creditoribus jura compelli non patiuntur.*

(2) Voy. Gaius, *Comment.* IV, § 105. Cf. avec le fr. 23. *Princ.* Dig. IV, 6.

(3) *L. Gall. cisalp.*, c. 22. — Cicéron, *pro Quintio*, 6. 19 à 23. *et alibi.* —*Agrar.* III, 4;—*Verr.* I, 54;—*ad Attic.* XVI, 4, *et alibi ;* — *pr. Tull.* 3. —Gaius, *Comment.* III, 79.

(4) Voy. la loi *Julia municipalis*, V, 115, 116; et cf. Senec., *de Benefic.* IV, 12; — Tibulle, II, 4, v. 55 ; —Gaius, IV, 102; — Théophile, III, 12, *princ.;* —Cicéron, *ad Attic.*, VI, 1.

cripto bonorum ordonnée à la suite d'une *bonorum possessio* purement conservatoire, obtenue à simple titre de sûreté. Nous savons, d'ailleurs, que la vente n'avait lieu que dans une période postérieure de la procédure. La *proscriptio bonorum* était une simple publication faite par les créanciers, usitée déjà peut-être dans l'ancienne prise de possession de la *familia*, et ayant pour objet de faire connaître la saisie opérée, afin que les débiteurs du debiteur ou les détenteurs de quelques parties de la fortune de ce dernier ne pussent payer au préjudice des créanciers saisissants. C'était une saisie-arrêt générale, et comme le complément de l'envoi en possession des biens, en un point où il ne pouvait s'accomplir par la prise de possession immédiate (1).

La prise de possession des créanciers était protégée, comme la *bonorum possessio* des héritiers prétoriens, par un interdit spécial : *interdictum ne vis fiat ei qui in possessionem missus est* (2). Le droit ancien de la *pactio*, pendant les trente premiers jours, demeura debout (3), et fut même amélioré par les préteurs. Après ce délai expiré sans payement, les biens étaient à la disposition des créanciers (4). Le débiteur encourait l'atimie (5); il était désormais tenu pour suspect, et

---

(1) Voy. Stieber, *de Bonor. emt. apud vet. rom.* (Lips. 1827, pars 1ᵃ, in-8°), pag. 60. — Huschke, *loc. cit.*, pag. 151.

(2) Voy. Cicéron, *pro Quint.*, 27; — et le titre du Digeste : *Ne vis fiat ei*, etc. (XLIII, 4) : titre généralement mal compris.

(3) Voy. Gaius, III, 78, 29; et Zimmern, *loc. cit.* § 78.

(4) Voy. Keller, *Semestr. ad Cicer.*, I, pag. 4, *seq.*—p. 72, seq.—p. 110, seq.

(5) Tertullien, *Apolog.*, 4 : *in pudoris notam capitis pœna conversa est, bonorum adhibita proscriptione.*

obligé de donner caution en tout état de cause (1). Les
créanciers se présentaient une seconde fois devant le préteur
pour nommer, avec son autorisation, un ou plusieurs agents
(*magister*) chargés de procéder à la vente (2). En même temps
ils affichaient la mise en vente des biens, et le préteur leur
donnait un délai de dix jours pour régler les conditions de
l'adjudication. Après ces dix jours, les créanciers se présentaient encore au magistrat pour obtenir l'approbation du
cahier des charges. Cette approbation, ou confirmation, était
accordée sous la forme d'un ordre d'adjuger les biens aux
conditions indiquées, après un délai de vingt jours, ou le
trentième après le jour de la nomination du *magister* (3).

Évidemment, cette nouvelle procédure exécutive se rattachait aux règles fixées par les XII Tables, et Gaius l'indique
nettement. Seulement, elle était restreinte aux *bona*, et n'atteignait plus la *familia*. Mais ce qui est caractéristique,
c'est que chaque évolution de cette procédure vers le dernier
terme de l'exécution, l'adjudication des biens au plus offrant

(1) Voy. Keller, *loc. cit.* et Huschke, *loc. cit.*, pag. 152.

(2) Voy. Gaius, III, 79. — Théophile, III, 12. — Cicéron, *ad Attic.*, I,
1, § 3; — VI, 1, § 15; — *ad Famil.*, XII, 30, § 5; — *pro Quintio*, 15. —
Acron, sur Horace, sat. I, 1, v. 86. — Quintil., *Instit. orat.*, VI, 3, § 51. —
Ces textes n'ont pas toujours été bien compris. Voy. Keller, *loc. cit.*, p. 73.

(3) M. Huschke, *loc. cit.*, pag. 153, propose la restitution suivante du
texte tronqué de Gaius au § 79, liv. III : *Itaque si vivi bona veneant in
diebus* X LEGEM BONORUM VENDENDORUM FIERI *jubet, si mortui* IN DIEBUS
V A QUIBUS TUM *vivi bona* XX *mortui vero* X *emptori addici jubet.*
M. Huschke se fonde principalement sur le passage de Théophile déjà indiqué. Mais les sigles du ms. de Vérone me paraissent refuser cette leçon,
et je préfère les conjectures de MM. Lachmann et Goeschen, *loc. cit.*

enchérisseur, est marquée par l'intervention du préteur ; on ne fait un seul pas sans son approbation, et cette garantie, de nouvelle date, est tout à fait substituée à l'action directe du créancier, délégataire supposé de la puissance publique, dans l'ancien droit. Il resterait, à ce sujet, plusieurs questions curieuses à éclaircir : Comment se partageait le prix de l'adjudication entre les créanciers ? A quelle époque le partage au *prorata* de chaque créance a-t-il été introduit (1)? Comment s'exerçait le droit des créanciers sur les créances de leurs débiteurs ? Comment se réglait sur ce point le droit des créanciers ? Comment leur préférence ou priorité ? Quel était le caractère du *bonorum emptor* ? Quand et comment la *bonorum emtio* fut-elle considérée comme une *successio in universum jus* ? Quelle était la nature (*quiritaire* ou *bonitaire* ?) du *dominium* transféré par l'adjudication ? Toutes questions suscitées par la lecture de Gaius, mais dont l'examen nous entraînerait trop loin de notre sujet.

Les XII Tables n'avaient permis l'exécution rigoureuse, en dehors du cas de *nexum æs*, que contre le *confessus* ou le *judicatus*, la somme étant déterminée en argent romain (2). Ce principe resta debout, quant à la pleine exécution ; mais son application subit l'influence du temps. Pour le *judicatus*, on y pourvut, après la suppression des *legis actiones*, en établissant que toute condamnation porterait sur une *certa pecunia* (3) ; pour le *confessus*, en maintenant

---

(1) Voy. à ce sujet, Théophile, *loc. cit.*; et Huschke, pag. 156.

(2) Nous lisons dans un texte cité de la *Lex Gall. cisalp.*, c. 22 : *certa pecunia credita signata forma publica p. r.* — La monnaie étrangère était *mercis loco*. Voy. Volus. Mæcianus, *de Asse*, § 45, de l'édit. citée de Bonn.

(3) Voy. Gaius, *Comment.* IV, 48 à 52, *et alibi*.

l'ancienne procédure estimatoire, dans le cas où l'aveu ne portait pas sur une somme déterminée (1). Quant aux cas où la personne du débiteur ne pouvait être appréhendée (*qui fraudationis causa latitarit, cui heres non exstabit, qui exilii causa solum verterit, qui absens judicio defensus non fuerit* (2), etc.), les XII Tables semblent n'en avoir pas tenu compte, et avoir mis à la charge du créancier de déjouer les manœuvres de son débiteur. Cependant on voit, par un récit de Denys (3), que, dès la première retraite sur le Janicule, il y avait une procédure pénale contre le débiteur contumax ; le créancier par *nexum* pouvait certainement, dans ce cas et en vertu de son droit propre, agir directement sur les biens du débiteur; il en fut de même dans les temps postérieurs, en vertu de l'*imperium prætoris* (4).

Nous trouvons dans la loi *Thoria* (5) un *curator bonis dandus,* sur lequel existe un titre spécial au Digeste (6). C'est un emploi fort ancien, que le préteur conférait dans tous les cas de déconfiture, lorsqu'il y avait des créances à liquider ou à réduire en *certa pecunia,* et auquel il nommait, en même temps qu'il désignait le *magister.* L'objet de cette

---

(1) Voy. Gaius, *ibid.*, et § 13 et 15.—*L. Gall. cisalp.*, c. 22.

(2) Cicéron, *Pro Quint.* 19.—Cf. Keller, *Semest.*, I, pag. 53.

(3) Voy. Denys d'Halic. VI, 24. Reiske.

(4) Cf. Tite-Live, II, 24. — Gaius, III, 78, et Keller, *loc. cit.*

(5) Voy. la loi *Thoria*, *cap.* 26, de la recension de M. Rudorff, pag. 76 de mes *Rei agrar. scriptor. nob. reliq.* (Paris, 1843, in-8°).

(6) Voy. le tit. 7 du liv. XLIII du Digeste. Une institution analogue se retrouve dans la *curatio bonorum ventris nomine,* sur laquelle se trouve aussi un titre du Digeste (XXXVII, 9).

fonction était de représenter le débiteur *in jure;* les créanciers envoyés en possession poursuivaient contre lui l'*æstimatio,* et procédaient envers lui, en l'absence du débiteur, pour convertir leurs créances en *judicata,* avant l'adjudication des biens (1).

Au temps des guerres civiles, une loi nouvelle (*novas tabulas*) sur les obligations pour dettes fut souvent demandée et promise, jamais obtenue (2). Jules César fit rendre une loi : *ut disjecta novarum tabularum expectatione, quæ crebro movebatur, debitores creditoribus satisfacerent per æstimationem possessionum, quanti quasque ante civile bellum comparassent, deducto summæ æris alieni, si quid usuræ nomine numeratum, aut perscriptum fuisset* (3). On assigne à cette loi *Julia* la date de l'an 705 de Rome. Le bienfait en fut complété par une autre loi *Julia,* provenant de Jules César ou d'Auguste (de l'an 737 ?), en vertu de laquelle le débiteur insolvable, mais de bonne foi, pouvait être libéré par une *cessio bonorum* faite à ses créanciers (4). Le bénéfice de cette loi ne pouvait d'abord être invoqué que par les *cives romani;* il fut étendu aux *provinciales* avant le règne de Dioclétien (5), et la législation impériale en améliora l'applica-

(1) Voy. Stieber, *de Bonor. empt.,* pag. 61 et suiv.
(2) Voy. Senec., *de Benefic.,* I, 4.—Suétone, *Jul. Cæsar,* § 42.—Quintilien, *Declamat.,* 336.—Tite-Live, XXXII, 38.
(3) Suétone, *Jul. Cæsar, loc. cit.*—Cæsar, *de Bello civili,* III, 1.
(4) Voy. Did. Herauld, *De rer. judic. auct.,* c. 25, § 2 et § 9 à 16, dans le tom. II du Trésor d'Otton.
(5) Voy. Ez. Spanheim, *Orb. rom.,* II, § ult.; et Const. 4, Cod., VII, 71.

tion par une série de constitutions que nous retrouvons dans les compilations de Justinien (1).

Nous avons dit que la contrainte personnelle, au cas de *confessio in jure* ou de *judicatum,* existait encore sans avoir subi d'autre modification qu'un adoucissement relatif au traitement des *addicti* ou des *ducti,* et à la suppression de la *pœna capitis.* Un rescrit déjà cité d'Al. Sévère dit sans ambiguïté que la cession de biens a pour effet *ne judicati detrahantur in carcerem* (2); ce qui est reconnaître clairement la contrainte personnelle, hors le cas de cession de biens. C'est en parlant des effets de la cession, que Justinien dit également : *omni corporali cruciatu remoto* (3) : expression exagérée qui ne s'applique qu'à l'emprisonnement, car il ne pouvait plus, alors, être question de tortures.

§ VIII.

DE L'EXÉCUTION DU CONTRAT DE PRÊT AU MOYEN AGE.

Il résulte de tout ce qui précède, que l'ancien droit relatif au *judicatus* s'est maintenu dans la législation théodosienne et dans celle de Justinien. C'est dans cette situation des choses que le droit canonique est venu lutter contre la sévérité du principe romain. Tertullien et saint Ambroise avaient

---

(1) Voy. les tit. du Digeste, 3, liv. XLII;— du code Théodosien, 20, IV, et du code de Justinien, 71, VII.

(2) Voy. la Const. I, au Code, tit. cité, 71, VII.

(3) Const. 8, au Code, titre cité. Des expressions semblables se présentent dans la Novelle 135, chap. I, et dans la Constit. I, de Gratien et ses collègues, au code Théodosien, IV, 20.

vivement attaqué la dureté des créanciers. Les canonistes essayèrent de substituer l'excommunication à la détention corporelle, la censure spirituelle à la rigueur civile. La substitution ne fut pas réalisée, et l'on obtint l'addition d'une nouvelle peine à celles qui frappaient naguère l'insolvable. En effet, l'excommunication pour dettes subsista, et la détention corporelle, et l'esclavage de la dette aussi. Résultat imprévu, né de l'intérêt humain, antagoniste éternel des réformes généreuses.

Nous lisons le texte suivant de Grégoire le Grand dans les Décrétales (1) : « *Lex habet ut homo liber pro debito non teneatur,* etc. » Ce texte fait évidemment allusion à la loi 12, *Cod. de obl. et act.*, dont nous avons fixé le sens véritable ; et quoiqu'il donne à cette constitution un sens erroné, il n'en dut pas moins pour cela, lui-même, avoir la force de loi qui lui était propre. Par cette maxime, qui reproduisait la doctrine des Pères, fut protégée momentanément la liberté individuelle des débiteurs ; et cela contrairement, non point au droit romain seul, mais aux vieilles lois germaniques, qui sur ce point, comme on peut le voir dans Grimm, offrent une concordance remarquable avec l'ancien droit romain, bien qu'il y ait en même temps quelques différences partielles (2). Il est vrai que l'intérêt du commerce fit introduire de nouveau de rigides exécutions contre les débiteurs :

---

(1) C. 2. X. *de Pignoribus* (3. 21).

(2) Voy. un résumé très-complet de ces lois dans Grimm, *Deut. R. Alterth.*, pag. 613, 618. Un des textes les plus précis, remarquablement conforme au droit romain, se trouve dans le *Sachsenspiegel* (*Landrecht*), III, 39. Voy. *ibi* Homeyer, I, p. 209, 2ᵉ édit.

et la contrainte personnelle fut ainsi rétablie dans beaucoup de coutumes locales, mais sous la forme seulement de détention publique, et par suite sans se rattacher en rien à l'esclavage, ni au droit romain (1); elle était cependant plus sévère en ce que la cession de biens ne pouvait plus y soustraire le débiteur; mais cette sorte de contrainte n'est jamais devenue le droit commun.

On peut remarquer, à cet égard, un développement singulier dans le droit de l'Italie, au moyen âge. Partout on reconnaît que la contrainte personnelle des débiteurs, qu'admettait le droit romain, était abrogée, en droit commun (2); mais, là aussi, les statuts des républiques commerçantes rétablissent souvent une contrainte personnelle contre les débiteurs, toujours cependant sous le mode de détention publique, et sans possibilité de s'y soustraire par la cession des biens (3).

---

(1) V., par exemple, la coutume réformée de Nuremberg.—On trouve un résumé des coutumes locales, qui permettent ainsi la contrainte par corps, dans *Reinhard, Diss. de differentia et convenientia inter obligationes ad carceres et litteras cambiales.* Erfurth, 1731, § 14 et suiv. Comparez aussi Mittermaier, dans les *Archives de la pratique civile*, vol. 14. Heidelberg, 1831, num. 4 et 11.

(2) *Accursius, glos. in carcerem.* L. 1. *Cod. Qui bonis* (7. 71) : «*Sed loco carceris hodiè ponitur in banno.* »

(3) *Odofredus in Cod.* L, 1, *Qui bonis* : « *Tamen istud edictum qui bonis cedere possunt non habet locum in civitate ista* (Bologne), *quia hic est lex municipalis jurata, quod si aliquis non potest solvere, est unus carcer in quo detruduntur omnes non solventes.* » *Bartole, in Cod. leg.* 1, *Qui bonis* : « *Solvendo liberatur, et etiam cedendo bonis, ut hic vides : licet per statuta Tusciæ accidat contrarium.* »—*Baldus, in loc cit. : « Bene valet statutum*

Le changement de la prison privée en prison publique n'était point réalisé, alors, autre part qu'en Italie. En France, les assises de Jérusalem nous montrent le débiteur *esclaf* du créancier, et détenu en charte privée au gré de ce dernier. Le statut de Toulouse, que nous avons déjà cité, nous offre le même droit parfaitement organisé, avec cette particularité que l'appréhension du débiteur y peut être exercée de l'autorité propre du créancier, et en vertu du contrat seulement. On y trouve même quelque chose d'analogue à la *subreptio judicati* dont parle Gaius (1). Le pouvoir royal a commencé à réprimer l'incarcération arbitraire, au XIIIe siècle (2); mais ses efforts furent longtemps impuissants (3). Ces usages

---

quod in carcere publico detineatur, sed non quod detineatur in carcere privato. »

(1) *Si aliquis forte creditorum dimittebat ire debitorem per villam vel extra domum, quicunque aliorum creditorum eum invenerit, capiat et habeat eum in sua potestate eo modo quo prædictum est, et non teneatur alii creditori reddere. Tamen, si forte debitor evadebat, et alius eum capiebat, reddat eum illi cum sacramento quod inde habeat si voluerit, scilicet de creditore, quod ei evasus sit, et absque voluntate sua exitus de domo, et hoc totum fiat cognitione duarum partium ad minus.* Statut de 1197, dans Catel, *loc. cit.*

(2) Voy. les ordonn. de 1254 et 1256, dans la collection de Laurière, tom. I, pag. 72, 80; et les établissements de saint Louis, *ibid.*, pag. 288.

(3) Voy. l'ordonn. de Philippe le Bel, de 1302, *ibid.*, pag. 365; celle de 1303, *ibid.*, pag. 399; et une ordonn. de 1304, omise par Laurière, mais rapportée dans la compilation intitulée *Stylus parlamenti*, et ainsi conçue : *Si aliquis fecerit aliquem in carcere retineri injuste, puniatur in expensis reddendis carcerato sic detento, et pro ipso solvere prisonagium teneatur. Præterea garnisiones in bonis alicujus debitoris non ponantur, nec obligatæ personæ arrestentur pro debito privatorum, sed eorum bona venalia expo-*

étaient, ou bien des réminiscences du vieux droit romain conservé dans les colonies avec plus d'intégrité que dans l'Italie,
ainsi que nous le voyons encore pour nos colonies modernes ;
ou bien plutôt un retour à la barbarie sous l'influence des lois
germaniques. Mais du conflit des lois germaniques, qui, dans
leur développement propre, avaient ramené des pratiques
analogues à l'ancien *nexum*, telles que la *gyselschaft* ou l'*obstagium*, dont les traces n'ont été même effacées en Angleterre
que de nos jours ; du droit canonique qui proscrivait le rétablissement du *corpus obnoxium* opéré par une nouvelle législation héroïque ; et du droit romain de Justinien remis en
lumière et en honneur dans le XIᵉ siècle ; de ce conflit, dis-
je, naquit une pratique transformée de la procédure exécutoire, et l'exception admise dans le cas du *judicatus* se re-
produisit en une autre manière.

La vraie patrie de la procédure exécutoire moderne, c'est
l'Italie. Nous rencontrons de très-bonne heure cette procédure dans les statuts des villes de la Toscane ; de là, elle
passa dans les statuts des villes lombardes (1), et, par leur
intermédiaire, elle se répandit dans toute l'Italie, puis en
Espagne et en France (au plus tard au XIVᵉ siècle), et enfin

---

*nantur, de quibus satisfiat creditori : nisi hoc procederet ex conventione de-
bitorum. Nullus insuper teneatur arrestatus, nec arrestetur per bajulos officiales nostros, vel alios officiales aliorum dominorum, si possint idonee
fidejubere, aut nisi hoc esset in casu homicidii, furti, criminis læsæ ma-
jestatis, hæresis, raptus mulierum, et aliorum de jure expressorum* (pag. 520,
tom. II des œuvres de Dumoulin, édit. de 1681). Voy. enfin l'ordon. de
1312, rapportée par Laurière, *loc. cit.*, pag. 499.

(1) L'on en a des traces certaines qui remontent jusqu'au XIIIᵉ

en Allemagne, où ses premières traces positives sont du XVIᵉ siècle.

Pour bien comprendre comment une institution purement locale, à son origine, devint aussi générale, il faut rechercher les rapports des statuts des villes italiennes avec le droit romain, avec ce droit qui, dès le XIIᵉ siècle, était le droit commun de l'Italie, et qui devint successivement celui de toute l'Europe continentale ; et, pour cela, il faut faire un retour vers l'histoire même de la constitution juridique de ces pays, dans les temps modernes.

Les deux grands éléments du droit moderne dans les États germano-romains, sont la science romaine du droit et les coutumes juridiques des Germains. Ces deux éléments avaient été rapprochés par l'établissement des peuplades germaines au milieu des anciens habitants des pays conquis par elles. Le système des droits personnels eut pour résultat, que l'un et l'autre de ces deux éléments restèrent longtemps debout. Mais la fusion que le voisinage amena peu à peu entre les personnes, ne put rester sans influence sur les relations juridiques de la population ainsi mêlée ; et, dans les villes surtout, cette influence se fit sentir de bonne heure et avec force. Au XIᵉ et au XIIᵉ siècle, la fusion était opérée, et les éléments, jusqu'alors distincts, de la population étaient confondus dans les nouvelles municipalités. Cependant le système des droits personnels s'était maintenu en principe ; le droit romain et le droit germanique étaient toujours en présence. La réforme successive du droit civil ne pouvait donc s'opérer que par l'influence réciproque de ces deux éléments, et cette influence elle-même ne pouvait se produire que par l'interprétation scientifique des textes anciens. A cette époque,

en effet, l'on n'avait guère de goût pour le travail législatif,
et l'on manquait des notions préliminaires, indispensables
à l'œuvre du législateur. D'un autre côté, une attaque directe
contre le principe des droits personnels n'aurait pu réussir.
Ce fut donc un bonheur pour la civilisation moderne, que
le droit romain, par sa durée non interrompue, eût conservé
pendant les siècles de barbarie, et pour des temps meilleurs,
l'occasion et la matière d'un semblable travail. L'on sait avec
quelle ardeur on se livra, à partir du XIe siècle, à l'étude du
droit romain, et quel essor intellectuel l'école de Bologne
donna aux États italiens. Le droit romain, connu, grâce aux
glossateurs, dans toute l'étendue et la richesse de ses sources, acquit une prépondérance décidée sur les coutumes germaniques, et, par cela même, il eut la meilleure part dans la
formation du droit moderne. Cette prépondérance, il la devait non-seulement à son mérite intrinsèque, mais encore aux
nécessités de l'époque, et c'est pour cela qu'il ne rencontra
pas de résistance générale et vive. Il ne faut pas oublier d'ailleurs que les descendants des conquérants n'étaient plus que
des Germains transformés et transplantés.

Cependant, il y avait diverses institutions qui, d'origine
germanique, mais admises comme droit coutumier par la
population mixte, ne pouvaient pas s'effacer devant la prépondérance du droit romain. Elles restèrent donc en vigueur;
mais, comme elles ne consistaient que dans des détails, on
dut chercher à leur faire une place dans la théorie du droit
romain. Quand il s'agit donc de coordonner un système com-
plet du droit existant, il fallut nécessairement combiner le
droit coutumier avec la théorie du droit romain. En de
semblables cas, on se tira d'embarras en rattachant artifi-

ciellement les coutumes germaniques aux principes du droit
romain, et l'on n'y put parvenir sans admettre des interprétations forcées des sources du droit romain, et sans en al-
térer la pureté. Mais des modifications ou si l'on veut des
corruptions analogues du droit romain devaient résulter également de la résistance de l'opinion dominante à certaines
doctrines romaines. Les glossateurs, en général, ne se pliaient
guère à ces exigences des temps modernes (1); leurs successeurs immédiats, les juristes italiens du XIIIe et du
XIVe siècle, se laissèrent aller plus librement à ces influences ;
et comme la littérature juridique de l'époque semblait bornée à la forme du commentaire des recueils de droit romain,
la liaison des coutumes nées des vieilles mœurs germaniques à
la théorie du droit romain, fut définitivement opérée dans une
forme romaine. Toutefois, comme cette liaison purement extérieure ouvrait toujours la carrière à des controverses dans
lesquelles les principes mêmes qu'elle devait sauvegarder cou-
raient le risque d'être compromis par une plus vraie interprétation du droit romain, l'on sentit le besoin de confirmer par
des lois expresses ces institutions que la théorie pouvait me-
nacer, mais que consacrait la coutume.

C'est ainsi que naquirent, au XIIe et dans le cours du
XIIIe siècle, un grand nombre de statuts municipaux (2),

---

(1) Cependant ils ne sont pas restés entièrement dégagés de ces tendan-
ces, et, dans plus d'un cas où la glose s'écarte du vrai sens des textes,
une étude attentive pourrait amener à trouver que cette déviation n'était
pas une simple méprise.

(2) Muratori, *Antiq.*, dissert. XXII (*de legibus Italicorum et statutorum
origine*), t. II, p. 281, 282 : *iisdem temporibus* (sæc. XII) *succrevisse im-*

produits manifestes du procédé qui vient d'être indiqué. L'on y remarque des traces nombreuses d'éléments germaniques (1), et, d'autre part, l'influence la plus décidée des théories romaines. Ils se formèrent peu à peu et d'abord en manière de recueils de statuts isolés (*volumina statutorum*); chaque ville avait ses officiers chargés d'y insérer les différents statuts qui, insérés alors au cartulaire par ordre chronologique, furent réduits plus tard en ordre de matières. Les réformations générales sont d'une époque postérieure.

Mentionnons ici, comme caractéristique de cette tendance de l'époque, l'obligation imposée aux magistrats d'instituer, pour les fonctions de juges et pour celles d'avocats, un nombre égal de romanistes et de praticiens du droit coutumier (2).

L'Espagne et la France se trouvaient dans les mêmes conditions que l'Italie, et le droit moderne s'y constitua de la même manière; à quoi il faut joindre que ces pays reçurent la théorie du droit romain des jurisconsultes italiens, et, par conséquent, avec les caractères et les altérations qui s'y étaient introduits en Italie. Et quand, plus tard, à partir du XIIIᵉ siè-

---

manem illam ejusmodi municipalium legum sive statutorum sylvam. — Niebuhr écrivait à M. de Savigny, le 16 février 1817 : « Morelli, qui réunit les statuts municipaux italiens à la bibliothèque de Saint-Marc, en a recueilli plus de 300, et il lui en manque plusieurs : presque chaque ville s'était donné son droit civil. » (Vie de Niebuhr, II, p. 287).

(1) Hommell (*Rhapsod. quæst.*, obs. 649, ed. 4, vol. V, p. 221 et 226) dit très-bien : *pleraque statuta Italicarum urbium germanizant.*

(2) Voy. la formule du serment du podestat de Pistoia. *Muratori*, l. cit., § 131, p. 560.

cle, ces contrées eurent produit aussi des jurisconsultes éminents, leurs relations scientifiques avec l'Italie n'en continuèrent pas moins; de telle sorte que les productions des grands jurisconsultes étaient accueillies également dans les trois pays, sans distinction du lieu de leur origine. Jusqu'à la fin du XVe siècle, d'ailleurs, les universités italiennes et les écrits des jurisconsultes italiens jouirent d'une réputation prépondérante et d'une autorité incontestée. Non moins que les glossateurs, Bartole, Balde, Jean d'André, le Panormitain et Guill. Durand, étaient acceptés en Espagne et en France comme la plus haute autorité juridique. Ils y introduisirent un grand nombre de principes et d'institutions qui s'établirent, soit comme incorporés au droit commun, soit au moyen de la législation statutaire; car les statuts de France et d'Espagne, comme ceux d'Italie, ne furent pas rédigés tout d'une pièce, mais ils se formèrent par la réunion successive de coutumes isolées, soumises plus tard à une révision générale.

L'institution du notariat donna une sorte de consécration aux coutumes qui étaient en contradiction avec le droit romain dominant. Dans les cas de ce genre, on introduisait dans les actes les dispositions contraires au droit commun, au moyen de renonciations, fictions ou autres clauses de style, de manière à respecter, au moins en apparence, le droit romain, de la pratique duquel on écartait, par des moyens analogues, l'application des règles que n'acceptait pas l'opinion du temps. Trouver des clauses de ce genre, les appliquer à propos et les répandre, telle était la mission des notaires, entre les mains desquels était, en réalité, la juridiction volontaire; on attachait une considération singulière à la rédaction des actes par les tabellions. Aussi le notariat était regardé comme l'une des plus importantes institutions, et l'art du notaire était l'objet de l'enseignement le plus actif. Ici encore l'Italie donna l'impulsion. Irnerius écrivit un *formularium tabellionum*, et, au XIIIe siècle, l'Italie avait produit plusieurs ouvrages, dont quelques-uns fort étendus, sur la matière notariale, consistant principalement en formulaires, et très-propres, par conséquent, à introduire l'uniformité dans les actes les plus importants. A Bologne, il y avait, dès le XIIIe siècle, à côté de l'école de droit, une école de notariat. Les Italiens ne pouvaient donc manquer d'exercer, en cette partie encore, une influence décidée sur l'Espagne et la France, d'autant plus que le commerce actif existant entre ces deux pays et les villes d'Italie, entraînait la nécessité de l'uniformité dans tous les actes relatifs au commerce.

En Allemagne, le droit romain n'obtint une autorité générale que dans le cours du XIVe et du XVe siècle, et il s'y introduisit dans la forme que lui avaient donnée les jurisconsultes italiens, espagnols et français (1). Les théories purement romaines n'auraient pu s'adapter aux mœurs et aux idées de l'Allemagne, à cette époque.

La base de la procédure exécutoire, c'est le droit des dettes. La rigueur de ce dernier est toujours et partout le signe d'une civilisation peu avancée : il en est ainsi dans

---

(1) L'on en trouve des exemples remarquables dans la *Kammergerichts Ordnung* de 1507, toute remplie d'extraits de Cynus, Bartole, Balde, Joh. Andreæ, Guill. Durand, etc. L'on y trouve même une disposition, citée par Bartole, du statut de Perugia, avec la remarque qu'elle a été admise dans l'ordonnance camérale de Worms de 1495, ce qui est vrai. — V. *Briegleb., gesch. d. execut. proz.*, p. 25-27, not. 1.

l'ancien droit romain et dans les vieux monuments du droit germanique. Cette rigueur dérivait non-seulement du sentiment exagéré du juste et du peu d'étendue des idées juridiques, mais encore et surtout de la nécessité d'élever le niveau du crédit personnel, à défaut des garanties réelles que fournit un état législatif plus développé.

On peut citer, indépendamment d'autres mesures impitoyables usitées contre la personne du débiteur(1), l'antique droit de la saisie privée, appartenant, en cas de dettes certaines, au créancier contre son obligé, droit exercé par le créancier lui-même. Ce droit, dont l'existence est constatée déjà par les *Leges barbarorum* (2), se maintint pendant plusieurs siècles, et ne disparut que devant le droit romain, et devant la civilisation qui se répandit avec lui. Il se fondait sur cette idée que le créancier, quand la dette est certaine, n'a pas besoin de jugement, mais de contrainte; les lois barbares elles-mêmes semblaient rattacher l'exercice de ce droit à un ancien ordre juridique (3). Mais comme le créancier était le seul juge de la question de savoir si sa créance rentrait dans les cas légaux, tout, en définitive, était abandonné à l'arbitraire de la partie. De là, une foule d'abus odieux que la loi était impuissante à réprimer (4). La situation était la même en Italie, en Espagne, en France et en Allemagne; seule-

---

(1) Par ex., L. Longob. II, 33, 1.

(2) L. Longob. I, 21, 1. L. Alaman. LXXXVI, 1. L. Burg. XIX, 10 et 11. — Cf., pour les temps postérieurs, Datt, *de Pace imperii publica*, I, c. 16.

(3) L. Alam. LXXXVI, 1; LXXXVIII, 1, 2. L. Bajuv. XII, 3-5. — L. Burg. XIX, c. 1, seqq. L. Longob. II, 5o, 1; II, 21, 7.

(4) Cf. *Datt*, l. cit.

ment elle s'y améliora plus ou moins vite, suivant que le
droit romain y prédomina plus tôt ou plus tard. Ainsi, la
guerre privée pour les dettes, les représailles contre les pa-
rents ou concitoyens du débiteur, l'incarcération de sa personne, le meurtre même et l'incendie; en un mot, tous les
abus de la violence recouverts d'une apparence de justice,
parce que l'on se soumettait, par contrat, à les souffrir, ont
existé en Italie au Xe et au XIe siècle, comme au XIIIe et au
XIVe ils existaient encore en Allemagne. Partout, à des époques diverses, nous trouvons les mêmes vices dans les lois
et les mêmes usages dans la pratique, comme, par exemple,
la coutume de stipuler des peines conventionnelles très-éle-
vées, en cas d'inexécution des obligations.

Ces idées, ces pratiques régnaient en Italie, quand l'étude
du droit romain s'y réveilla, et que son usage y devint de
plus en plus général; elles se trouvaient dans une contradiction absolue avec les règles de ce droit sur le régime des
dettes, et cependant elles ne s'effacèrent pas entièrement
sous son influence. Ce que l'on a dit, tout à l'heure, sur la formation progressive du droit moderne, s'applique surtout à
cette matière. L'habitude d'une procédure rapide et énergique, dans les obligations les plus simples, et plus encore
les nécessités du commerce, opposaient un obstacle invin-
cible au triomphe absolu des principes du droit romain. Il
arriva donc que les exagérations du principe germanique
s'effacèrent graduellement, et que le droit romain, à son
tour, se laissa pénétrer, dans divers sens, par les coutumes
nouvelles, dont plusieurs avaient leur appui dans les mœurs
générales, et d'autres dans les besoins réels des transac-
tions commerciales. Le résultat de cette combinaison cons-

titue l'originalité du droit moderne des dettes, principalement en ce qui concerne le change et la procédure exécutoire réduite aux *bona*, l'addiction ayant définitivement suc-
combé, en matière civile, sous l'influence du droit canonique.

Je ne puis parler ici du change que pour mémoire. Mais
en ce qui touche la procédure exécutoire, le point de départ
du droit moderne a été la distinction arrêtée par le droit
romain, entre le *nexus* et le *judicatus* ou *confessus*; et
comme c'était trop peu pour les mœurs du moyen âge que
de borner l'exécution sévère et rigide au *judicatus* ou au
confessus régulièrement constitués, la subtilité des jurisconsultes vint en aide et au droit romain, trop menacé sur ce
point, et aux nécessités de la constitution sociale. En ce
qui touche spécialement la France, nous avons un renseignement précieux dans un livre de Pierre de Belleperche,
l'un des jurisconsultes les plus influents du XIIIe siècle. Écri-
vant sur ce texte d'une constitution d'Antonin (1) : *Confessos
pro judicatis haberi placet,* il nous dit : *Numquid pro judicato
habetur, ut non sit opus aliqua condemnatione? Videtur quod
nulla debet sequi.... Doctores dicunt contrarium....; doctores
bene intelligunt, sed non bene proferunt. Refert : aut quæritur
de eo qui confessus est per modum contentiosæ jurisdictionis;
interrogatus dico, quod debeo tibi centum, aut ante litem contestatam, et tunc in me fertur præceptum, non sententia..., aut
lite contestata confessus sum, et tunc fertur sententia defini-
tiva..... Aut quæritur de confessione emissa per modum jurisdictionis voluntariæ; indigeo pecunia, dico : Mutues mihi
decem et confitebor; vado ad officialem, et confiteor quod*

---

(1) Const. unic. au Code, *de Confessis* (VII, 59).

teneor tibi in decem ; non reperio legem loquentem, tamen non est necessaria sententia ; sed sic video consuetudinem interpretari : judex mandat executionem fiendam, et minime sunt immutanda (1).

L'histoire des origines du droit moderne est tout entière dans ces paroles significatives. Voilà donc la doctrine de l'aveu judiciaire transportée à l'aveu extrajudiciaire, *ante litem contestatam;* voilà l'obligation consignée par le notaire transformée en acte d'aveu judiciaire ; seulement, des lettres d'exécution seront demandées au juge, pour la forme ; et, munie de ces lettres, l'exécution aura lieu, comme si elle émanait du pouvoir souverain lui-même. Dès le XIIIe siècle, on trouve l'usage de ces lettres exécutoires en vigueur dans tout le midi de la France. Mais ce fut trop encore que la gêne imposée par la nécessité d'obtenir des lettres exécutoires. Le notaire avait déjà le pouvoir de constater une *quasi judicialis confessio :* on lui donna de plus le droit de délivrer le *præceptum executivum;* on le convertit en un véritable juge, par une nouvelle fiction, et l'on fonda ainsi le principe de notre exécution parée. Le témoignage de Jean Faber est positif à cet égard : *Pro judicato dic, quod in voluntariis habetur pro judicato, facto ei præcepto per auditorem sigilli; et ita servatur de facto... Ubi vero fieret coram notario qui non haberet potestatem præcipiendi a sigillifero vel a judice, tunc non crederem haberi pro judicato* (2).

Parmi nos anciennes coutumes, je trouve celle de Poitou, dont la rédaction est de l'an 1417, ouvrage de divers pra-

---

(1) Voy. Pe². de *Bellapertica*, *Repetition. in aliq. Cod. leges. Francof.,* 1571, in fol. (pag. 142).

(2) Jean Faber, *in Codicem*, sur la même const. d'Antonin déjà citée, fol. 217 et 218 de l'édit. de Paris, 1516.

ticiens de Parthenay (1). Elle a été revisée avant l'impression qui en fut faite, pour la première fois, en 1480, et reproduite en 1508 ; puis réformée d'abord en 1514, et ensuite en 1559. Or, les plus anciennes rédactions, jusques et y compris celle de 1514, portent cette disposition (2) : « Lesquels notaires « peuvent juger et condamner les parties des convenances « qu'ilz accorderont et consentiront, car ilz sont juges quant « ad ce, et peut lon par tel juge requérir et faire faire exé- « cution comme si c'estoit du juge ordinaire de la dite court. »

Le statut Poitevin est, en ce point, conforme à beaucoup d'autres coutumes des XIVe et XVe siècles, et leurs principes sont puisés dans les vieux statuts italiens, où nous voyons donner expressément aux notaires la qualité de juge ordi- naire, quant à l'addition du mandat exécutoire, ou *præcep- tum in confessum.*

Des témoignages postérieurs sur l'usage de la clause exé- cutoire, suivant la pratique italienne, se trouvent dans Nicolas *Boërii* (3), qui nomme spécialement les provinces d'Auvergne et du Limousin ; dans Pierre de la Vergne (vers 1500), qui dit que la clause exécutoire était un usage général

---

(1) Voy. le Ms. n° 441, supplém. fr., Biblioth. roy.—Le Ms. conservé à la biblioth. de Poitiers offre une rédaction retouchée.

(2) Chap. 56, liv. IV, fol. 99^b. de l'édit. de 1508. Poitiers, J. de Marnef. — Art. 322 de la rédact. de 1514, dans le tome IV du *Coutumier général* de B. de Richebourg. — La réformation de 1559 présente une notable différence de rédaction sur l'art. 322. Voy. au tome IV du *Coutumier gé- néral*, pag. 775 ; et cf. l'ord. de 1304, dans Laurière, I, p. 417.

(3) Boerius, *in consuetud. Bitur.*, liv. II, ch. 27, pag. 57, de l'édit. de Francfort, donnée par D. Godefroy en 1598.

de tous les notaires français, tant ecclésiastiques que laï-
ques (1); enfin, dans Pierre Rebuffe, qui atteste le même fait
pour le Languedoc, la Provence et le Dauphiné, pour le
ressort du parlement de Toulouse, et en général pour tous
les pays *de droit écrit* (2), bien qu'il admette qu'en vertu de
l'ordonnance de François Ier (1539), la force exécutoire des
actes écrits résulte, dans tout le royaume, du sceau apposé
par le tribunal.

Voici l'histoire de ce dernier usage, qui peut se rapporter
au principe déjà posé par P. de Belleperche. Les notaires
français n'étant pas tous et en général revêtus du pouvoir
judiciaire, nécessaire pour la prolation d'un *præceptum judicis in confessum*, il fallait, dans les pays où il n'existait pas
un statut exprès, analogue à celui du Poitou, se pourvoir
auprès du juge véritable pour le *præceptum in confessum*.
Les notaires, en rédigeant l'acte, soumettaient les parties à la juridiction d'un tribunal désigné, et recevaient
en retour le *mandatum executivum*, ce dont le tribunal indiqué dans la soumission donnait acte par l'apposition du
sceau (3). S'obliger sous un sceau déterminé ne signifiait
donc autre chose que recevoir le *præceptum executivum* de
celui qui tenait ce sceau. Mais l'efficacité de l'apposition du
sceau variait suivant la juridiction du tribunal dont elle

---

(1) Jac. Buttrigarius..... *Super codice. . . cum addition. pet. de Vergnia.*
Paris, 1516, 2 vol. in-fol. (tom. I, fol. 32-33).

(2) Rebuffe, *de litt. obligar.*, n° 13-18, p. 39, 40, et n° 20 de sa *Prac-
tica instrumentorum.*

(3) On peut voir, dans les archives des notaires, des milliers d'actes anciens, qui sont encore revêtus de ces formules, à une époque où elles
étaient devenues inutiles.

émanait; car les actes exécutoires, comme les jugements, n'entraînaient exécution parée que dans le ressort du tribunal duquel dérivait l'acte exécutoire. Or, la plus haute autorité judiciaire était celle du chancelier, comme administrateur du pouvoir judiciaire du roi; l'obligation la plus efficace était en conséquence celle contractée sous le grand sceau royal, tenu par le chancelier du royaume. Aussi fut-il, de très-bonne heure, d'usage de s'obliger sous le sceau royal; et à cette fin, l'on investit d'abord certaines cours, dans les provinces, du *petit* sceau royal, et plus tard l'on établit pour les contrats des *scelleurs* ou *garde-scels* spéciaux, qui scellaient au nom du roi, et, en quelque sorte, comme délégués du chancelier de France. Ainsi, Alberic de Rosciate (+ 1354) dit, d'après Oldradus de Laude (+ 1335) : *In monte Pessulano statutum est quod obligans se ad sigillum parvum regis Franciæ non possit opponere nisi tres exceptiones,* etc. (1). Un privilége analogue, et probablement plus ancien, appartenait aux tribunaux des foires de Champagne et de Brie; Pierre de la Vergne et Rebuffe en font mention (2). Il résulte, d'une ordonnance de Philippe le Bel, que l'on s'efforçait, dès lors, de donner la plus grande extension possible à ces priviléges, en s'en servant pour des affaires qui ne se rattachaient pas à la foire. Les marchands italiens sont spécialement accusés de cet abus (3).

---

(1) Alb. de Rosciate, *Comment. de statutis,* l. I, qu. 152. *Tract. coll.* de Ziletti, Venet., t. II, p. 2, fol. 25.

(2) Petrus de Vergnia, l. cit. Rebuff., l. cit., n° 9-11.

(3) Voir le texte de cette ordonnance, t. I, p. 484 *seq.* de la collect. de Laurière; et cf. l'ordonn. de Charles le Bel, de 1321, *ibid.,* p. 800.

Plus les rois de France s'attachèrent, depuis Philippe le
Bel, à conserver, comme une prérogative de leur couronne,
leur influence sur le notariat, et plus se répandit l'établissement des *garde-scels* dans le royaume, plus aussi devait
se multiplier l'usage des actes exécutoires scellés du sceau
royal (*lettres obligatoires passées, confectes, faictes soús le
scel royal*). Par là, cependant, n'était pas exclu l'emploi d'autres sceaux judiciaires reconnus légitimes. Un privilége royal
avait même accordé aux ducs de Bourgogne d'avoir, à cet
effet, un chancelier spécial, distinct du chancelier de France.
En Bourgogne, les scelleurs inférieurs faisaient en conséquence dériver leur droit de la chancellerie du duc (1).

L'apposition du sceau était donc nécessaire, dans ce sens
qu'elle donnait au *præceptum executivum* inséré dans l'acte
le caractère d'un acte judiciaire, et, par conséquent, la qualité sans laquelle il n'aurait pu donner lieu à l'exécution
parée. C'est dans ce sens seulement que les jurisconsultes
français du XVIe siècle ont pu désigner le sceau comme la
source de la force exécutoire des actes écrits.

Mais ce serait une erreur de supposer que l'efficacité
du sceau ait jamais fait disparaître l'usage de la clause exécutoire, car la suppression de cette clause aurait ôté à l'apposition du sceau elle-même sa signification propre (2). En outre de la séparation rigoureuse admise en France entre le

---

(1) Chasseneuz, *in consuet. Burg. ad conclusion. et approbation.* (edit.
Francof., 1574, p. 1525.)

(2) L'office des *scelleurs* ne fut supprimé qu'au XVIIe siècle. Depuis lors
la fonction en est réunie à celle du notaire, qui se trouve ainsi être un véritable *judex chartularius*, dans l'ancienne signification du mot, en Italie.

pouvoir judiciaire et le pouvoir exécutif, il était reçu qu'aucun acte, pas même le jugement rendu par un juge régulier sur une contestation, ne pouvait être exécuté sans avoir été rédigé sous forme exécutoire, c'est-à-dire, sans un mandement d'exécution adressé aux officiers du pouvoir exécutif (*sergents, huissiers*). Aujourd'hui donc, encore, les actes exécutoires sont rédigés, en France, dans une forme qui est usitée depuis bien des siècles. En effet, le *scelleur* qui apposait le sceau royal ou seigneurial, comme délégué du chancelier des rois ou des seigneurs, représentait le roi ou le seigneur possesseur de la juridiction suprême. Aujourd'hui, le mandat d'exécution est donné au nom du roi.

L'institution des actes exécutoires s'est longtemps conservée, en France, par la pratique seule des notaires et des tribunaux. Dans les anciennes coutumes et ordonnances royales, elle n'est mentionnée d'ordinaire qu'en passant, et avec reconnaissance tacite de la pratique existante (1).

L'extension du droit exécutoire aux actes sous seing privé paraît avoir surtout donné lieu à l'insertion de dispositions spéciales dans les coutumes. Je ne citerai ici que les coutumes d'Orléans et Lorris, qui, dans leur forme actuelle, ne sont pas plus anciennes que la deuxième moitié du XVᵉ siècle (2). Suivant Rebuffe (3), l'usage des actes sous seing privé exécutoires n'existait pas encore au XVᵉ siècle dans les pays de droit écrit.

---

(1) Voy., par ex., Coutume de Berry et de Bourges, II, ch. 27, avec les notes de Boerius. — Ordonnance de Charles VIII, du 11 juillet 1493.

(2) V. les art. 347-368.

(3) *De cedul. recog.*, ch. 1, n° 43, p. 115.

La première loi qui renferme des dispositions générales su la forme exécutoire des actes, est l'ordonnance de François sur le faict de la justice et abbréviation des procès (6 septemb 1539). Elle organise, pour tout le royaume, le droit exéc toire des actes sous seing privé (1).

Quant à la procédure, je n'en parlerai que pour dire q son principe est l'assimilation des actes exécutoires aux d cisions judiciaires, et pour renvoyer au tableau très-col plet qu'en a tracé Rebuffe. Ce n'est point le lieu d'entrer, ce sujet, dans des détails étrangers à l'objet principal ce mémoire, où nous n'avons voulu montrer que l'origine les vicissitudes de la jurisprudence romaine, à l'endroit prêt à intérêt et de l'ancienne forme d'obligation solenne connue sous le nom de *nexum*.

---

(1) Voy. art. 65-83, dans le tom. I de la collection de Néron

PARIS. — TYPOGRAPHIE DE FIRMIN DIDOT FRÈR
IMPRIMEURS DE L'INSTITUT, RUE JACOB, Nº 56.

www.ingramcontent.com/pod-product-compliance
Lightning Source LLC
Chambersburg PA
CBHW050103210326
41519CB00015BA/3807